peinturez vos meubles

Modus Vivendi

peinturez vos meubles

Mickey Baskett

Modus Vivendi

Paru sous le titre original de : Fantastic Furniture

LES PUBLICATIONS MODUS VIVENDI INC.
5150, boul. Saint-Laurent 2e étage
Montréal (Québec)
Canada
H2T 1R8

Design de la couverture : Marc Alain
Infographie : Modus Vivendi
Photographie : Greg Wright et Jerry Mucklow
Traduction : Dominique Chauveau

Dépôt légal : 3e trimestre 2003
Bibliothèque nationale du Québec
Bibliothèque nationale du Canada
Bibliothèque nationale de Paris

ISBN : 2-89523-210-5

Nous reconnaissons l'aide financière du gouvernement du Canada par l'entremise du Programme d'aide au développement de l'industrie de l'édition (PADIÉ) pour nos activités d'édition.
Gouvernement du Québec — Programme de crédit d'impôt pour l'édition de livres — Gestion SODEC

Table des matières

INTRODUCTION

CRÉER DES MEUBLES FANTASTIQUES – EN UN CLIN D'ŒIL

Avec de la peinture, vous pouvez faire revivre un vieux meuble ou transformer des meubles peu coûteux, non finis, en de fantastiques œuvres d'art qui vous réjouiront pendant des années. Les meubles peints et les vieux meubles que vous décorez en valent la peine et sont l'occasion idéale d'ajouter une touche personnelle aux pièces de votre maison. Les projets de cet ouvrage sont des exemples des nombreuses techniques que vous pouvez utiliser pour décorer un meuble :

- Bandes de couleur ;
- Au pochoir ;
- Impression ;
- À l'éponge ;
- Glacis ;
- Vieillissement artificiel ;
- Motifs à main levée.

Elles sont faciles à mettre en pratique et peu coûteuses. Nous vous fournissons des instructions étape par étape, de nombreuses photographies et des modèles à suivre.

Ces projets de décoration donneront du style aux pièces de la maison.

Un large assortiment de meubles de types et de styles différents – aussi bien anciens que neufs ou plus ou moins vieux, fantaisistes ou conventionnels, gros et petits sont représentés dans ces projets. Les motifs peuvent être adaptés pour convenir à divers meubles ou pour des utilisations multiples. Vous avez peut-être des meubles ou des objets dans la maison qui gagneraient à être repeints. Utilisez les idées, les techniques et les motifs que nous vous présentons pour créer vos propres trésors, et choisissez des couleurs et des combinaisons de couleurs qui se marient avec votre décor. Les résultats exprimeront votre style, animeront les pièces de la maison et susciteront l'admiration et les compliments de votre famille et de vos amis.

MATÉRIEL

pour la préparation de base et les techniques de peinture

NETTOYER ET DÉCAPER

Un détergent doux ou un bain moussant

Si vous comptez peindre un meuble de couleur vive, vous découvrirez qu'il n'est pas nécessaire de le décaper – il suffit de bien le nettoyer. Pour éliminer les saletés, la poussière, les craquelures, etc., utilisez un agent nettoyant qui ne laisse pas de résidu granuleux tel qu'un détergent à vaisselle doux ou du bain moussant. Mélangez l'agent nettoyant avec de l'eau et lavez le meuble avec une éponge en cellulose. Rincez, puis essuyez avec un linge doux.

Diluant pour peinture

Utilisez un diluant pour peinture et un tampon de laine d'acier pour enlever les accumulations de cire, les taches et le vieux vernis ou la laque.

Décapants pour peinture

Il existe plusieurs raisons de vouloir décaper un vieux meuble. Si vous songez à le teindre, à l'émailler ou encore à le peindre au lavis, vous devrez mettre le bois à nu. Si la peinture du meuble s'écaille ou se plisse et que le ponçage n'est pas suffisant pour rendre la surface lisse, vous n'aurez d'autre choix que de le décaper. Il existe plusieurs marques de décapants chez les quincailliers. Appliquez le décapant au pinceau. Lorsque la peinture commencera à plisser et à se soulever, enlevez-la avec un grattoir.

PONCER ET BOUCHER LES PORES

Papier de verre

La grosseur du grain du papier de verre peut varier selon le ponçage à effectuer. Habituellement, il faut commencer avec un papier de verre à grain moyen, puis poncer avec du papier de verre à grain fin avant de peindre. Entre les couches de peinture, poncez avec du papier de verre fin ou extrafin.

Bloc de ponçage

Il s'agit d'un bloc de bois que l'on entoure du papier de verre et qui permet de poncer plus facilement les surfaces planes.

Ponceuse électrique

Une ponceuse électrique portative aide à poncer les grandes surfaces planes. Utilisez du papier de verre un peu humide et humectez-le pour éviter de soulever la poussière en travaillant. Essuyez la poussière de ponçage avec un chiffon à dépoussiérer.

Bouche-pores

Le bouche-pores ou mastic s'applique avec un couteau à mastiquer et sert à remplir les fentes, les trous, les entailles et les encoches afin d'avoir une surface à peindre régulière et lisse. Il peut être utilisé sur des meubles à nu ou même sur des meubles peints et tachés. Laissez sécher, puis poncez.

APPRÊT ET COUCHE DE FOND

Apprêt

Un apprêt sert à remplir et à sceller le bois, ce qui permet à la peinture d'y adhérer correctement. Un apprêt pour camoufler les taches évite que le vieux fini soit apparent sous la nouvelle peinture. On le conseille surtout pour les meubles de couleur foncée que l'on veut peindre en plus clair. Il faut toujours bien le laisser sécher avant d'appliquer la couche de fond.

Peinture pour couche de fond

La couche de fond est la première couche de peinture appliquée sur une surface après la couche d'apprêt. Pour ce faire, choisissez une peinture murale au latex finition coquille d'œuf ou satinée, une peinture à l'acrylique intérieur/extérieur ou une peinture à l'acrylique pour artisanat. Appliquez la peinture en longs mouvements réguliers. Travaillez avec délicatesse pour éviter les coulisses, les gouttes ou le manque d'uniformité. Dans cet ouvrage, nous avons utilisé des peintures à base d'eau. Elles sont faciles à appliquer et à nettoyer, et ne dégagent aucune odeur. Les nouvelles formules sur le marché offrent une aussi bonne protection que les peintures à base d'huile.

PINCEAUX

La couche de fond peut être appliquée avec un pinceau en mousse ou en soies. Pour peindre les détails ou les petits endroits, utilisez un pinceau d'artisanat de 25 mm (1 po). Pour peindre des surfaces planes plus grandes, un rouleau en mousse vous facilitera la tâche.

DIVERS

Gants de latex

Portez des gants de latex pour vous protéger des nettoyants, des solvants et des peintures. Il existe des gants bien ajustés qui n'entraveront pas vos mouvements.

Ruban-cache

Cet outil sous-estimé est selon moi essentiel dans la décoration de meubles. Utilisez-le pour masquer les surfaces à ne pas peindre, pour faire des lignes régulières et pour protéger les endroits déjà peints.

Photographie – dans le sens des aiguilles d'une montre, en commençant en bas, à gauche : Pinceau de 25 mm (1 po), pinceau en mousse de 51 mm (2 po), pinceau en soies de 45 mm (1 3/8 po), rouleau en mousse, peinture à l'acrylique intérieur/extérieur, diluant pour peinture, laine d'acier, gants en latex, grattoir, décapant pour peinture, apprêt pour camoufler les taches, ruban-cache avec distributeur, ponceuse électrique portative, papier de verre, bloc de ponçage, couteau à mastiquer, mastic, éponge en cellulose, chiffon à dépoussiérer, détergent liquide.

WAGNER
Mask-It™
Thinner
32 FL. OZ. (ONE QT) .95 LITER

PRÉPARATION DES MEUBLES POUR LA PEINTURE

Cette section explique comment nettoyer ou décaper un vieux meuble ou comment préparer un meuble neuf avant de les peindre. Le but d'une telle préparation est d'obtenir une belle surface plane prête à recevoir la décoration. Étudiez votre meuble pour déterminer quelle sorte de préparation conviendra le mieux.

Si le fini est en très mauvais état ou si le vernis plisse ou s'écaille, vous déciderez peut-être de le décaper. Il s'agit d'un choix de dernier recours, mais qui s'avère obligatoire si vous comptez appliquer une teinture ou un lavis ou encore vieillir artificiellement le meuble de sorte que le bois mis à nu paraisse par endroits.

Précaution et conseils

- Lisez attentivement les étiquettes sur les produits et respectez toutes les recommandations et les avertissements du manufacturier.
- Travaillez toujours dans un endroit bien ventilé ou à l'extérieur.
- Portez des gants pour vous protéger les mains.
- Portez un masque pour vous protéger de la poussière et des émanations.
- Utilisez un morceau de couvre-plancher en vinyle comme surface de travail. Il protège mieux et est plus pratique que les couches de journaux ou les plastiques. Les peintures ou les finis peuvent traverser les journaux qui, de toute façon, collent toujours aux souliers. Les plastiques sont glissants. Le couvre-plancher en vinyle demeure donc la meilleure solution ; les éclaboussures peuvent être facilement essuyées, permettant ainsi de maintenir la surface sèche et propre. Il est possible de se procurer à faible coût des retailles de couvre-plancher en vinyle dans les magasins de carreaux et tapis et dans les centres de rénovation.
- Débarrassez-vous des solvants selon les normes. Au besoin, communiquez avec les responsables de votre ville pour obtenir des renseignements sur le sujet. Ne jetez jamais les solvants ou les décapants à peinture dans une bouche d'égout ou dans les toilettes.

CHOISIR UN MEUBLE

Il existe probablement dans votre grenier, votre sous-sol ou votre garage un vieux meuble qui s'empoussière depuis des années et qui ferait un candidat parfait pour la peinture. Les ventes-débarras et les magasins de meubles d'occasion sont les endroits parfaits pour se procurer de vieux meubles. Assurez-vous que le meuble que vous choisissez est en bon état. Si les pieds sont branlants et les tiroirs collés, réparez-les avant de peindre. Réparez les joints lâches avec de la colle à bois. Si des réparations coûteuses sont nécessaires, demandez l'aide d'un professionnel.

PRÉPARER UN VIEUX MEUBLE POUR LE PEINDRE

Lorsqu'un vieux meuble doit être repeint, chacune des pièces qui le composent doit bien souvent être nettoyée et poncée. Une couche d'apprêt peut être nécessaire si la surface est recouverte d'un vernis luisant. Usez de votre bon sens. Si votre vieux meuble a un fini foncé, vous déciderez peut-être de le peindre de nouveau d'une couleur foncée pour minimiser le temps de préparation, plutôt que d'essayer de couvrir le fini foncé d'une couleur plus pâle.

Étape 1 – Enlever les pièces

Avant de nettoyer ou de poncer, retirer toutes les pièces démontables, telles que les poignées de portes et de tiroirs (photo 1). Selon le meuble ou ce que vous prévoyez faire, il peut aussi être nécessaire d'enlever les charnières, les portes, les tiroirs ou les miroirs. C'est aussi le temps d'enlever les sièges rembourrés des chaises. Les poignées de portes et de tiroirs, et les poignées devraient être peintes ou traitées pendant qu'elles sont enlevées.

Étape 2 – Nettoyer

L'étape suivante consiste à enlever l'accumulation de poussière, de graisse et de saleté. Parfois, un bon nettoyage suffit avant de peindre. Mélangez alors une petite quantité de

Photo 1 – Enlever les différentes parties.

Photo 2 – Laver le meuble avec une solution légèrement savonneuse.

Photo 3 – Enlever l'accumulation de cire avec un tampon de laine d'acier trempé dans du décapant à peinture.

Photo 4 – Poncer une surface plane avec du papier de verre entourant un bloc de ponçage.

Photo 5 – Poncer une surface plane avec une ponceuse électrique portative.

Photo 6 – Poncer les endroits difficiles à atteindre.

Photo 7 – Remplir les fentes avec du bouche-pores.

Photo 8 – Appliquer un apprêt blanc avec un pinceau en soies.

détergent doux ou de bain moussant et de l'eau dans un seau ou dans une bassine et lavez le meuble avec une éponge et la solution savonneuse (photo 2). Rincez à l'eau claire. Essuyer avec un linge doux pour éliminer l'eau en surface. Laissez sécher complètement à l'air.

Si votre meuble a plusieurs couches de cire d'accumulées ou s'il a une laque de finition ou un vernis qui s'écaille ou plisse par endroits, utilisez un solvant pour obtenir une surface propre et lisse. Cette étape est nécessaire parce que la cire empêche l'adhérence de la peinture à l'eau, et la laque et le vernis sont des apprêts qui ne conviennent pas à la peinture. Versez un solvant tel que dissolvant pour peinture, essence minérale ou « papier de verre liquide » dans un contenant en métal ou un bol en émail. Trempez un tampon de laine d'acier dans le solvant, puis frottez la surface du meuble (photo 3). De temps à autre, rincez le tampon dans le solvant et remplacez le solvant lorsqu'il est trop sale. Lorsque vous aurez terminé, laissez sécher le meuble à l'air.

Étape 3 – Poncer

C'est l'une des étapes les plus importantes du processus. Le ponçage dépolit le vieux fini afin que la nouvelle peinture puisse adhérer correctement et crée une surface lisse pour la peinture. Pour obtenir une surface lisse, poncez avec du papier de verre à grain moyen, puis avec du papier de verre à grain fin. Poncez toujours dans le sens du grain. Entourez le bloc de ponçage de papier de verre lorsque vous poncez des surfaces planes (photo 4). Utilisez une ponceuse électrique portative pour les plus grandes surfaces, telles que le dessus du meuble ou les tablettes (photo 5). Poncez à la main les endroits les plus étroits ou les courbes (photo 6). Essuyez la poussière avec un linge doux. Avec un pinceau ou un aspirateur, enlevez la sciure de bois des fentes et des endroits plus difficiles à atteindre.

Conseils

- Lorsque vous poncez de la peinture pouvant contenir du plomb, utilisez du papier de verre humide/sec et humectez-le pour travailler afin d'éviter de créer de la poussière.
- Portez toujours un masque pour éviter d'inhaler la poussière.

Étape 4 – Remplir et lisser

Remplissez les fentes, les creux, les bosses et les trous avec du bouche-pores ou du mastic (photo 7). Appliquez la pâte avec un couteau à mastiquer, en lissant le plus possible la surface et en enlevant tout excès de mastic avant qu'il ne sèche. Suivez les directives du manufacturier pour le temps de séchage. Au besoin, appliquez une seconde couche et laissez bien sécher. Une fois le mastic sec, poncez pour obtenir une surface lisse. Essuyez la poussière.

Étape 5 – Apprêt et couche de fond

L'apprêt et la couche de fond scellent le bois et empêchent les couches foncées de paraître sous une peinture de couleur claire. N'utilisez pas d'apprêt si vous désirez appliquer une teinture ou un lavis. Et si vous prévoyez créer un fini antique qui implique de poncer pour voir les couches de peinture ou pour révéler par endroits le bois nu, n'utilisez pas d'apprêt.

Pour la plupart des finitions, la peinture murale au latex blanc mate diluée dans un peu d'eau convient parfaitement. Mélangez la peinture avec un peu d'eau (environ 10 %) pour qu'elle puisse s'appliquer facilement.

Si la surface de votre meuble est teinte en foncé ou vernie, appliquez un apprêt blanc afin que la teinture foncée ou le vernis ne se voient pas au travers de la nouvelle peinture. Les apprêts pour éliminer les teintures sont vendus pour enduire à la brosse ou en vaporisateur (voir photo 8).

Pour préparer votre propre apprêt, mélangez en quantités égales la peinture murale au latex blanc et le vernis à l'acrylique. Étalez ce mélange à l'éponge sur la surface de votre meuble.

Laissez l'apprêt sécher toute la nuit. Poncez légèrement pour obtenir une surface lisse. Essuyez la poussière. Vous êtes maintenant prêt à peindre !

Étape 6 – La couche de fond

La couche de base est le fond sur lequel vous élaborerez vos décorations. Vous pouvez utiliser une éponge, un chiffon, ajouter des éléments décoratifs peints et donner un fini ancien. Puisqu'il s'agit du fond, la surface doit être lisse et bien couvrir l'ancienne couche de peinture ou l'ancien fini. Appliquez la peinture avec un petit rouleau ou un large pinceau en soies fines. Appliquez une mince couche et laissez-la sécher. Poncez avec un papier de verre à grain fin pour lisser la surface. Appliquez une deuxième couche et laissez-la bien sécher. Si l'ancien fini se voit encore par transparence, appliquez une troisième couche. Laissez-la sécher. Vous pouvez maintenant utiliser votre meuble ou l'agrémenter de quelques effets décoratifs.

DÉCAPER UN VIEUX MEUBLE

Le meuble qui a déjà été peint n'a pas besoin d'être décapé si le fini est en bon état et pas trop épais. Cependant, si la peinture ou le vernis est écaillé, boursouflé ou fissuré, si le fini original a mal été appliqué ou si la peinture appliquée est si épaisse qu'elle masque les lignes ou les détails du meuble, un décapage est de mise. Vous pouvez, bien entendu, faire appel à un professionnel – il ne vous restera qu'à poncer le meuble après. Il est parfois plus économique de faire appel aux services d'un professionnel que de se procurer tout l'équipement et les matériaux nécessaires pour faire le travail soi-même.

Si vous désirez décaper le meuble vous-même, achetez un produit liquide en gel ou en pâte spécifiquement conçu pour le travail que vous désirez entreprendre. (Ils sont habituellement étiquetés en tant que décapants ou diluants à peinture et peuvent être à base d'eau ou de solvant.) Lisez attentivement l'étiquette et suivez les instructions à la lettre. Travaillez dans un endroit bien aéré et portez des gants, des lunettes de protection et des vêtements protecteurs.

Étape 1 – Appliquer le décapant

Appliquez une couche égale de décapant avec un pinceau en soies (photo 1) dans le sens du grain du bois. Travaillez par petites surfaces. Respectez le temps d'attente conseillé. La vieille peinture ou le vieux fini ramollira, paraîtra ridé et commencera à se soulever. Soyez patient ! Les décapants chimiques donnent de meilleurs résultats lorsque vous leur laissez le temps de faire effet.

Étape 2 – Enlever l'ancien fini

Utilisez un grattoir pour soulever l'ancien fini de la surface (photo 2), en travaillant toujours dans le sens du grain du bois. Faites attention de ne pas creuser ou érafler la surface pendant le travail. Pour les courbes, les creux ou les endroits sculptés, utilisez de la laine d'acier, une vieille brosse à dents, des cure-dents ou encore des chiffons.

Étape 3 – Poncer

Lorsque le meuble a été bien décapé, il est habituellement rugueux. Vous devrez le poncer parfaitement. Voir la section *Préparation des meubles pour la peinture* pour les conseils sur le ponçage. Après avoir bien poncé le meuble d'abord avec un papier de verre à grain moyen, puis un papier de verre à grain fin, vous pouvez appliquer la couche de fond ou la teinture.

PRÉPARER UN MEUBLE EN BOIS NEUF NON FINI

Les meubles en bois neuf non finis demandent moins de préparation que les vieux meubles – bien souvent, seuls le ponçage et l'application d'un apprêt sont nécessaires.

Étape 1 – Poncer

Poncez le meuble avec un papier de verre à grain fin, en travaillant dans le sens du grain du bois, afin d'éliminer les parties rugueuses et de lisser la surface. Utilisez un bloc de ponçage (photo 3) ou une ponceuse électrique portable pour les surfaces

Photo 1 – Appliquez le solvant avec un pinceau en soies.

Photo 2 – Soulevez l'ancien fini ramolli avec un grattoir.

Photo 3 – Poncez avec un bloc de ponçage.

Photo 4 – Scellez avec de la laque.

Photo 5 – Appliquez une couche d'apprêt.

Photo 6 – Appliquez un vernis à l'eau avec un pinceau en mousse.

planes. Poncez à la main les surfaces courbes. Enlevez la poussière avec un chiffon à dépoussiérer ou un linge doux et sec. N'utilisez pas de chiffon humide – l'humidité pourrait faire en sorte que le grain du bois se soulève.

Sur certains meubles, il peut y avoir des coulisses de colle au niveau des joints. Il est important d'enlever tous ces résidus – la peinture n'y adhérera pas. Au besoin, poncez la colle sèche. Si le ponçage ne suffit pas pour en venir à bout, grattez-la doucement avec un stylet.

Étape 2 - Sceller (facultatif)

S'il y a des nœuds ou des endroits foncés sur le meuble, scellez-les avec un scellant transparent ou de la laque (photo 4). Laissez sécher complètement. Cela permettra d'éviter que la résine ne suinte ou que des résidus n'apparaissent à travers la couche de fond.

Étape 3 – Remplir (facultatif)

S'il y a des trous de clous, des creux ou des fentes sur votre meuble, remplissez-les avec du bouche-pores ou du mastic et un couteau à mastiquer. Lissez la surface le plus possible et enlevez tout excédent de produit avant qu'il ne sèche. Suivez les recommandations du fabricant pour le temps de séchage, puis poncez la surface pour la lisser. Essuyez la poussière.

Étape 4 – Appliquer l'apprêt

Cette étape est nécessaire seulement si vous désirez donner au meuble une couche de fond opaque. Si vous songez à la teinture ou au lavis, vous n'aurez pas besoin de réaliser cette étape.

Étape 5 – Couche de fond

La couche de fond est la base sur laquelle vous élaborez les décors. Vous pouvez les réaliser à l'éponge, avec un chiffon, en ajoutant des éléments peints, vieillir le meuble ou lui donner un aspect ancien. Puisqu'il s'agit de la base, elle doit être lisse et couvrir entièrement le bois. Appliquez la peinture avec un petit rouleau ou avec un large pinceau en soies fines. Appliquez une mince couche et laissez-la bien sécher. Poncez-la avec du papier de verre à grain fin pour lisser la surface. Appliquez une deuxième couche et laissez-la bien sécher. Si l'ancien fini se voit toujours, appliquez une troisième couche. Laissez bien sécher. Vous êtes maintenant prêt à utiliser votre meuble ou à élaborer quelques décors.

LA FINITION

Si vous n'avez pas utilisé une peinture intérieur/extérieur pour vos décorations, vous voudrez donner une couche de protection à votre meuble une fois qu'il sera terminé. Les vernis et les scellants sont offerts en diverses finitions – mate, satinée et lustrée. Je préfère la finition satinée – elle donne un beau lustre sans faire ressortir les coups de pinceau irréguliers. Une finition lustrée mettra en évidence toute irrégularité.

Utilisez des vernis et des scellants à base d'eau, compatibles avec des peintures acryliques pour sceller et faire la finition. Ils sont offerts en contenant à appliquer au pinceau et en vaporisateur. Choisissez des produits qui ne jaunissent pas et qui sèchent rapidement.

Appliquez le fini selon les recommandations du manufacturier. Plusieurs couches minces sont préférables à une couche épaisse (photo 6). Laissez sécher entre les couches selon les recommandations du manufacturier. Un meuble qui sera utilisé souvent, tel qu'une table du petit déjeuner, aura besoin d'être protégé par plusieurs couches de scellant ou de vernis.

LES MATÉRIAUX
POUR DÉCORER LES MEUBLES

PEINTURE

Puisque les peintures à base d'eau sont très avantageuses et qu'on en trouve facilement, les recommandations pour peindre les meubles dans cet ouvrage se limitent à ce type de peinture. Voici certains des avantages que je leur trouve :

- Elles dégagent moins d'odeur et sont donc moins susceptibles de déclencher des maux de tête ou des nausées. Certaines sortes sont considérées comme non toxiques.
- Le nettoyage se fait facilement avec de l'eau savonneuse.
- Elles sont plus sûres à utiliser à l'intérieur et ne polluent pas autant que les peintures à base de solvant.

TYPES DE PEINTURE POUR LA PEINTURE DE FOND, LES BANDES DE COULEUR ET LA PEINTURE DÉCORATIVE

- La peinture murale au latex convient parfaitement comme couche de fond pour un gros meuble. Elle peut être mélangée à presque toutes les couleurs et est offerte en contenants d'environ 875 ml (1 pinte) ou de 4 litres (1 gallon). Utilisez du blanc mat pour une couche de fond. Choisissez une finition coquille d'œuf ou satinée pour une couche de base. Vous pouvez vous procurer de la peinture murale au latex pour dans les magasins de peinture, les quincailleries et les centres de rénovation.
- Les peintures à l'acrylique pour artisanat sont idéales comme couche de fond pour les petites pièces, pour ajouter des accents de peinture ou peindre de petites surfaces et pour la peinture décorative. Elles peuvent aussi être utilisées pour le pocher et imprimer. Les peintures à l'acrylique pour artisanat sont offertes dans une grande variété de couleurs, sont fortement pigmentées et sont d'excellente qualité. Elles sont le plus souvent vendues en bouteilles de plastique compressibles de 59 ml (2 oz). On peut les trouver dans les boutiques d'artisanat, dans la section de la peinture pour décorer.
- Les peintures à l'acrylique pour artiste sont des peintures à l'acrylique fortement pigmentées et sont offertes dans les pigments de couleur traditionnels. Elles sont utilisées pour la peinture décorative. On les trouve le plus souvent en tubes ou en bouteille de plastique compressible de 59 ml (2 oz). On peut les trouver dans les boutiques d'artisanat, dans la section de la peinture pour décorer.
- Les médiums à l'acrylique sont utilisés avec les peintures à l'acrylique pour artiste ou pour artisanat dans la peinture décorative afin d'aider à obtenir un effet particulier tel qu'un mélange ou une dilution, ou encore un temps de séchage plus long. On peut les trouver dans les boutiques d'artisanat dans la section de peinture pour décoration et chez les fournisseurs de matériel d'artiste.
- Comme le nom l'indique, les peintures à l'acrylique intérieur/ extérieur peuvent convenir aussi bien à l'intérieur qu'à l'extérieur et sont habituellement vendues en contenants de 236 ml (8 oz). Cette quantité convient habituellement pour peindre un meuble de taille moyenne tel qu'une chaise ou une petite table. La variété de couleurs n'est pas aussi grande que celle des peintures à l'acrylique pour artisanat. Les peintures intérieur/ extérieur ne requièrent aucun vernis. On peut les trouver dans les magasins de décoration intérieure ou les boutiques d'artisanat.
- Les peintures à pocher peuvent être réussies avec des peintures à l'acrylique pour artisanat. D'autres sortes de peinture sont aussi spécifiquement conçues pour les pochoirs. Les gels à pocher offrent une transparence subtile et une consistance épaisse. Les peintures à pocher en crème offertes en petits pots, et les peintures en bâton, qui ressemblent à de gros crayons, peuvent aussi être utilisées pour pocher sur des meubles. On les trouve dans les boutiques de décoration intérieure et les boutiques d'artisanat.
- Le médium pour glacis neutre est un liquide ou un gel incolore qui recouvre bien et qui peut être teinté avec une peinture colorée ou de la peinture à l'acrylique pour artisanat. On l'utilise pour créer des effets texturés à l'éponge, en pointillé, à la brosse et autres, et pour ajouter une surface glacée transparente colorée sur les surfaces peintes. Mélangez la peinture ou le glacis dans des récipients jetables tels que des seaux en plastique, des bols en styromousse ou des tasses en plastique.

PINCEAUX POUR APPLIQUER LA PEINTURE

La couche de fond s'applique avec un pinceau en mousse ou en soies. Utilisez un pinceau pour artisanat de 25 mm (1 po) de large pour les petites surfaces. Pour faire des motifs, utilisez des pinceaux d'artiste. Les pinceaux plats sont utilisés pour appliquer de la couleur et effectuer des mélanges, les ronds pour appliquer de la couleur et dessiner des formes, et le pinceau manuscrit pour les détails.

Toutes les sortes de peinture à pocher peuvent être appliquées avec des brosses à pocher, en faisant un mouvement de spirale ou de tapotement. Les brosses à pocher rondes à poils courts peuvent aussi être utilisées pour quelques techniques de peinture décoratives. Un petit rouleau en mousse peut aussi servir à pocher.

AUTRE MATÉRIEL ET OUTILS POUR LA DÉCORATION

- Les pochoirs prédécoupés sont des moyens rapides et faciles d'ajouter des motifs et de tracer des lettres sur un meuble peint. Vous pouvez aussi découper vos propres motifs dans des feuilles d'acétate, avec un stylet, ou encore couper des éponges dans de la mousse en polystyrène épaisse avec des ciseaux ou un stylet. Les pochoirs pour les murs peuvent aussi être utilisés sur les meubles.
- Les applicateurs en mousse sont maintenant offerts en gros motifs qui sont parfaits pour décorer un meuble. Ils sont faits à partir de mousse de polystyrène et sont flexibles (ne pas confondre avec des tampons en caoutchouc). La peinture est d'abord étalée sur l'applicateur, puis le motif est imprimé sur la surface à peindre.
- Les outils pour créer des finitions texturées comprennent les pinceaux et les brosses pour les textures mouchetées ou veinées. Les éponges naturelles, les éponges en cellulose et les gants avec éponge sont utilisés pour cette technique. Un outil à éclabousser (un écran avec un pinceau particulier) ou une vieille brosse à dents, ou un pinceau à soies raides peuvent être utilisés pour éclabousser ou moucheter afin d'ajouter des points de couleur au hasard. Les peignes servent à strier la surface traitée.

Dans le sens des aiguilles d'une montre, en commençant en bas à gauche : stylet, ruban-cache, pochoirs prédécoupés, brosse à pocher, peigne, outil à éclabousser, brosse à moucheter, pinceau à veiner, crayon, peinture acrylique intérieur/extérieur, médium pour glacis neutre, bol en styromousse pour mélanger, gant avec éponge, éponge en cellulose, éponge naturelle, applicateurs en mousse prédécoupés, peinture à l'acrylique pour artisanat, pinceau en mousse, quatre pinceaux d'artiste (à partir du haut : manuscrit, rond, deux plats), pinceau en soies pour couche de fond de 38 mm (1 1/2 po).

LES PROJETS

Les projets de cet ouvrage ont été choisis avec soin pour présenter une diversité de techniques de peinture et de styles décoratifs. La plupart sont faciles à réaliser et prennent tout au plus une après-midi ou une fin de semaine. Le degré de complexité est varié, allant de simple pour les débutants (travail avec des bandes de couleur, des applicateurs en mousse prédécoupés, des pochoirs) à plus difficile pour les plus avancés (travail avec des techniques de peinture décorative et de fausses finitions). Des instructions étape par étape et de nombreuses photos vous guident tout au long du travail.

Faites-vous la main en réalisant la bibliothèque « Histoires de poissons » et mettez vos connaissances en pratique pour reproduire au pochoir votre motif préféré sur une commode, une armoire ou une chaise. Utilisez le motif de la commode aux magnolias pour créer une tête de lit coordonnée. Pour quelqu'un que vous aimez bien, peignez une chaise dans ses couleurs favorites. Peignez des meubles amusants pour une chambre d'enfants. Exploitez les idées présentées pour chacun des projets comme toile de fond pour décorer et personnaliser vos meubles. Amusez-vous et concevez vous-même vos meubles !

HAPPINESS
JOY
STREAMSIDE REFLECTIONS
MEXICO

HISTOIRES DE POISSONS

bibliothèque au pochoir

Les motifs aux couleurs vives appliqués au pochoir ou imprimés sur cette bibliothèque toute simple racontent une histoire tropicale. Des motifs aquatiques sont appliqués au pochoir ou imprimés dans des carrés aux dimensions de cartes postales de couleurs vives et encadrés d'une bordure en damier. À l'intérieur, les mêmes motifs sont reproduits pour simuler un aquarium.

Créé par Kathi Malarchuk

1- MATÉRIEL

Meuble :
- Bibliothèque en bois

Peintures à l'acrylique pour artisanat :

Pour pocher et imprimer
- Noir
- Bleu clair
- Chartreuse
- Jaune vif
- Fuchsia
- Jaune or
- Pêche, 118 m (4 oz)
- Violet
- Sarcelle
- Blanc

Peintures murales au latex, finition coquille d'œuf :

Pour la couche de fond de la bibliothèque
- Turquoise, 75 ml (32 oz)
- Vert lime, 875 ml (32 oz)
- Jaune clair, 875 ml (32 oz)

Outils et autres :
- Pochoirs de poissons prédécoupés (contenant 3 poissons, chacun de 203 mm [8 po], 140 mm [5 1/2 po] et 102 mm [4 po])
- Applicateurs en mousse en forme d'étoile de mer de 102 mm (4 po) de diamètre et de coquillage de nautile de 89 mm (3 1/2 po)
- Ruban-cache
- Brosses à pocher
- Pinceaux en mousse OU petit rouleau en mousse
- Palette ou bloc de palettes en papier plastifié
- Pinceaux d'artiste plats nº 2
- Crayon avec gomme neuve
- Sacs de papier kraft
- Vernis à l'eau

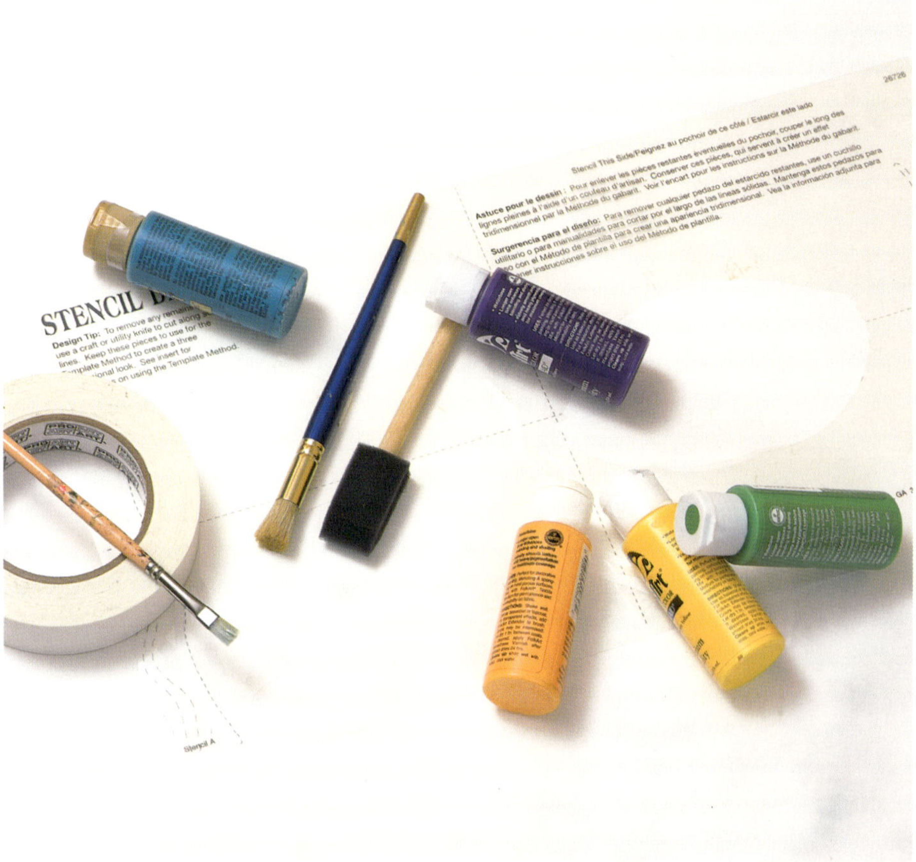

NUANCIER

INCREDIBLE FISHING STORIES

2 - PRÉPARATION

Préparer la bibliothèque selon les directives de la section Préparation des meubles pour la peinture.

3 - COUCHE DE FOND

Utilisez la photo comme guide pour les couleurs.

1. Peindre les côtés de la bibliothèque avec la peinture murale turquoise.
2. Peindre l'intérieur du fond et des côtés avec la peinture murale vert lime.
3. Peindre le dessus avec la peinture à l'acrylique pour artisanat pêche. Laisser sécher complètement.
4. Peindre les tablettes avec la peinture murale jaune clair.
5. Peindre le bord des tablettes et du dessus de la bibliothèque avec la peinture à l'acrylique pour artisanat chartreuse.

4 - PEINDRE LE FOND

1. Mesurer les poissons du pochoir. Ajouter 5 mm (2 po) à chacune des mesures pour déterminer la taille du rectangle de fond.
2. Avec le ruban-cache, former des rectangles, dont les côtés se chevauchent, sur chacun des côtés de la bibliothèque, comme sur la photo. Peindre le fond de chacun d'eux avec de la peinture à l'acrylique de couleur pour artisanat (du haut vers le bas) chartreuse, bleu clair, pêche, jaune vif, jaune or, violet (photo 1). Laisser sécher. Enlever le ruban-cache.

5 - IMPRIMER ET POCHER

1. À l'intérieur de quelques rectangles, peindre au pochoir, les poissons et les algues avec les peintures à l'acrylique pour artisanat en utilisant la photo comme guide pour les couleurs (photo 2). Les algues sont de couleur sarcelle. Utiliser le fuchsia et le violet pour réaliser le pochoir du gros poisson sur fond violet. Utiliser le sarcelle, le jaune or et le fuchsia pour le poisson de taille moyenne. Utiliser le violet et le bleu clair pour le petit poisson.
2. Peindre au pochoir d'autres poissons et d'autres algues à l'intérieur de la bibliothèque.
3. Avec un pinceau en mousse, étaler de la peinture à l'acrylique de couleur pêche pour artisanat sur applicateur en forme d'étoile de mer et la reproduire à l'intérieur de la bibliothèque. Voir la photo pour l'emplacement.
4. Appliquer de la peinture à l'acrylique pour artisanat violet sur l'applicateur en forme d'étoile de mer et reproduire celle-ci à l'intérieur d'un des cadres.
5. Avec un pinceau en mousse, étaler de la peinture à l'acrylique pour artisanat fuchsia sur l'applicateur en forme de coquillage. Reproduire celui-ci à l'intérieur des cadres et à l'intérieur de la bibliothèque. Voir la photo.

Photo 1. Masquer des rectangles avec le ruban-cache et peindre l'intérieur de différentes couleurs à l'aide d'un petit rouleau ou d'un pinceau en mousse.

Photo 2. Placer le pochoir du poisson de sorte que ce dernier soit centré à l'intérieur du rectangle. Peindre avec de la peinture à l'acrylique pour artisanat, en utilisant une brosse à pocher et très peu de peinture. Concentrer la couleur sur le pourtour du pochoir.

Photo 3. Utiliser de simples traits de peinture noire pour créer l'effet de damier sur le cadre. La largeur des cases est celle du pinceau plat nº 2.

6 - PEINDRE LES CADRES ET LES BORDURES

1. Masquer un cadre de 6 mm (1/4 po) de large tout autour de chacun des rectangles peints. Masquer des bordures de 6 mm (1/4 po) de large sur les bords inférieur et supérieur de la tranche des tablettes. Peindre les cadres et les bordures en blanc. Laisser sécher.
2. Avec un pinceau plat nº 2, peindre en noir des damiers sur les cadres et les bordures (photo 3). Laisser sécher. Retirer le ruban-cache.
3. Avec la gomme d'un crayon ou l'extrémité du manche du pinceau plat nº 2, peindre des points de couleur sarcelle au hasard sur la tranche des tablettes entre les bordures en damier. Tremper simplement la gomme du crayon ou l'extrémité du pinceau dans la peinture et l'appliquer sur la surface en pressant. Utiliser la même technique pour dessiner les bulles d'air qui sortent de la gueule du poisson à l'intérieur de la bibliothèque. Laisser sécher complètement.

7 - FINITION

1. Appliquer deux ou trois couches de vernis à base d'eau. Laisser sécher entre chacune des couches et polir avec des morceaux de sac de papier kraft.

Gros plan du côté de la bibliothèque

QUELLE PASTÈQUE !

inspiration des années 1960

Quatre couleurs différentes et un motif bien simple suffisent pour donner à cette chaise des années 1960 un aspect très particulier. Un ensemble de chaises ainsi peintes peut illuminer le coin repas d'une cuisine ou un patio – ou une seule de ces chaises dans une pièce peut donner la touche de fantaisie et de couleur que vous recherchez.

Créé par Jeff McWilliams

1 - MATÉRIEL

Meuble :

- Chaise en bois avec dossier à barreaux

Peintures à l'acrylique pour artisanat :

- Noir
- Vert
- Rouge
- Blanc

Outils et autres :

- Pinceaux de 13 mm (1/2 po), 25 mm (1 po)
- Papier de verre à grain moyen
- Papier calque
- Papier-transfert et crayon
- Scellant en vaporisateur, finition lustrée

Motif pour une graine de pastèque

2 - PRÉPARATION

Préparer la chaise selon les directives de la section *Préparation des meubles pour la peinture.*

3 - COUCHE DE FOND

Utiliser la photo comme guide pour les couleurs.

1. Peindre les pieds et le dessous du siège en vert. Donner autant de couches qu'il le faut pour obtenir une finition opaque. Laisser sécher et poncer légèrement entre chaque couche.
2. Peindre le dessus du siège et les barreaux du dossier en rouge. Donner autant de couches qu'il le faut pour obtenir une finition opaque. Laisser sécher et poncer légèrement entre chaque couche.
3. Peindre la traverse du dossier en noir. Donner autant de couches qu'il le faut pour obtenir une finition opaque. Laisser sécher et poncer légèrement entre chaque couche.

4 - PEINDRE LE MOTIF

1. Décalquer le motif de la graine de pastèque et le reproduire sur le siège de la chaise en utilisant la photo comme guide pour la disposition.
2. Peindre les graines en noir.
3. Avec un pinceau de 13 mm (1/2 po), tracer en blanc un léger trait tout autour du siège.
4. Souligner d'un léger reflet blanc le côté gauche de chaque graine. Laisser sécher complètement.

5 - FINITION

Vaporiser deux couches de scellant finition lustrée. Laisser sécher entre chaque couche.

QUATRE POIRES

une table étonnante

Des poires en bois peint décorent les coins de cette table fantaisie. Ces objets en bois prédécoupés ajoutent de la dimension et embellissent la table ; des ornements décoratifs aux couleurs vives rafraîchissent l'ensemble.

Créé par Jeff McWilliams

1 - MATÉRIEL

Meuble :

- Table d'appoint rectangulaire en bois avec tablier courbe et pieds hauts et minces

Pièces en bois :

- 4 poires, de 51 mm (2 po) de haut
- 4 carottes, de 38 mm (1 1/2 po) de long et de 5 mm (3/16 po) d'épais (elles tiennent lieu de feuilles et de tiges aux poires)
- 24 boutons ronds avec une face aplatie de 19 mm (3/4 po) de diamètre

Peintures à l'acrylique pour artisanat :

- Jaune vif
- Vert irlandais
- Bleu foncé
- Brun clair
- Jaune moyen
- Violet
- Sarcelle

Outils et autres :

- Brosse à moucheter OU brosse à pocher de 25 mm (1 po)
- Pinceau de 25 mm (1 po)
- Colle à bois
- Scellant mat en vaporisateur
- Papier de verre à grain moyen
- *Facultatif* : Ruban-cache

2 - PRÉPARATION

Préparer la table selon les directives de la section *Préparation des meubles pour la peinture.*

3 - PEINDRE LA TABLE

Utiliser la photo comme guide pour les couleurs.

1. Donner au tablier de la table deux couches de jaune moyen. Laisse sécher et poncer légèrement entre chaque couche.
2. Avec la brosse à moucheter ou la brosse à pocher, appliquer du jaune vif sur la couche de base jaune moyen de sorte que la couche de base soit apparente. Laisser sécher toute la nuit.
3. Masquer le haut du tablier pour le protéger. Donner deux couches de violet sur le dessus de la table. Laisser sécher et poncer entre les couches. Lorsque la deuxième couche de peinture est sèche, enlever le ruban-cache.
4. Donner deux couches de sarcelle aux pieds. Laisser sécher et poncer entre les couches.

4 - PEINDRE LES PIÈCES DE BOIS PRÉDÉCOUPÉES

Utiliser la photo comme guide pour les couleurs. Toutes les pièces requièrent deux couches de peinture. Laisser sécher entre les couches.

1. Peindre les poires en jaune vif.
2. Les carottes tiendront lieu de tiges et de feuilles aux poires. Peindre les tiges brun clair et les feuilles, vert irlandais.
3. Peindre les boutons en bleu foncé.

5 - ASSEMBLAGE ET FINITION

1. Coller les carottes peintes (qui font maintenant office de tiges et de feuilles) sur les poires. Voir la photo.
2. Coller les boutons sur le tablier de la table. Voir la photo pour la disposition. Il y en a cinq pour chacun des petits côtés et sept pour chacun des grands côtés.
3. Coller une poire à chaque coin de la table.
4. Vaporiser la table d'un scellant mat.

Photo à gauche : Les pièces en bois en trois dimensions ont été peintes puis collées en place pour décorer la table.

LOSANGES ET OR

commode au pochoir, finition ancienne

Des couches de couleur légèrement poncées donnent à cette commode une douce finition ancienne. Les larges bandes sur le devant ont été masquées avec du ruban-cache. Un pochoir a servi à reproduire les formes de losange sur les côtés et sur le dessus, et les ronds or entre les losanges ont été imprimés avec un applicateur en mousse rond.

Créé par Kathi Malarchuk

1 - MATÉRIEL

Meuble :

Commode en bois

Peintures murales au latex :

- Blanc cassé
- Doré

Autres peintures :

- Médium pour glacis – neutre
- Glacis coloré – brun
- Peinture à l'acrylique pour artisanat – or métallique

Outils et autres :

- Applicateur en mousse rond de 16 mm (5/8 po) de diamètre (pour imprimer les ronds)
- Pochoir de losange OU feuille d'acétate, marqueur indélébile et stylet
- Éponge naturelle
- Papier de verre à grain fin et bloc de ponçage ou ponceuse électrique pour la finition
- Mètre-ruban
- Craie tailleur
- Ruban-cache
- Pinceaux en mousse
- Palette OU bloc de palettes en papier plastifié
- Poignées de tiroir

Photo 1 : Entourer un bloc de ponçage de papier de verre et poncer la surface peinte pour donner un air ancien. Il est aussi possible d'utiliser une ponceuse électrique pour la finition, mais avec précaution pour ne pas enlever la couche de fond.

2 - PRÉPARATION ET COUCHE DE FOND

1. Enlever les poignées des tiroirs. Préparer la commode selon les directives de la section *Préparation des meuble pour la peinture.*
2. Donner deux couches de peinture au latex blanc. Laisser sécher et poncer entre les couches. Bien laisser sécher la deuxième couche de latex.

3 - PEINDRE LES BANDES

1. Mesurer des bandes de 10,2 cm (4 po) de large sur le devant de la commode et des tiroirs, et les masquer. Peindre avec la peinture au latex dorée. Laisser sécher. Ne pas enlever le ruban-cache.
2. Mélanger une partie de glacis coloré brun pour deux parties de médium pour glacis neutre. Avec une éponge, couvrir les bandes dorées de ce mélange. Laisser sécher. Enlever le ruban-cache. Réserver le reste du mélange de glacis.

4 - TRACER LES LOSANGES AU POCHOIR

1. Avec la photo comme guide, déterminer comment placer les formes de losange sur les côtés et le dessus de la commode. Vous désirerez peut-être tracer quelques points de repère au crayon pour que les losanges soient droits. Si vous n'utilisez pas de pochoir prédécoupé, dessinez un losange sur une feuille d'acétate et découpez-la avec un stylet.
2. Placez le pochoir sur le dessus et sur les côtés de la commode et peignez les losanges avec de la peinture au latex dorée. Laisser sécher.
3. Tandis que le pochoir est toujours en place, enduire avec une éponge les losanges du mélange de glacis. Laisser sécher.

5 - IMPRIMER LES RONDS

Enduire de peinture or métallique l'applicateur en mousse rond de 16 mm (5/8 po). Imprimer des ronds dorés aux points de rencontre des losanges. Voir la photo pour la disposition. Pour chacun, charger de peinture l'applicateur en mousse afin d'obtenir une même densité de couleur. Bien laisser sécher.

6 - VIEILLIR

Poncer les bandes peintes, les losanges et les ronds sur le devant, le dessus et les côtés de la commode et sur le devant des tiroirs pour enlever un peu de peinture et mettre à nu la couche de fond blanche (photo 1). Enlever davantage de peinture aux endroits qui devraient être naturellement vieillis tels que les bords et les coins. Essuyer la poussière de ponçage.

7 - FINITION

1. Sceller la peinture en appliquant deux ou trois couches de vernis à base d'eau, en suivant les directives du manufacturier. Laisser sécher.
2. Installez les poignées aux tiroirs.

FESTIVAL DE FLEURS

tabouret orné de marguerites peintes à la main

Il suffit d'un peu de peinture et de temps pour transformer un tabouret de bar bien ordinaire en un siège que tous remarqueront ! Des formes en mousse sont utilisées pour imprimer le cœur des fleurs couleur framboise ; des carrés blancs placés au hasard et les pétales jaunes des marguerites sont faciles à réaliser. La spirale rayée sur les pieds s'obtient sans aucune difficulté en utilisant du ruban-cache.

Créé par Kathi Malarchuk

1 - MATÉRIEL

Meuble :

- Tabouret de bar en bois

Peintures intérieur/extérieur :

- Sauge
- Blanc cassé
- Sarcelle

Peintures à l'acrylique pour artisanat :

Utilisez des peintures à l'acrylique émaillées lustrées.

- Framboise
- Blanc
- Jaune

Outils et autres :

- Applicateur en mousse rond de 44 mm (1 3/4 po) pour imprimer les ronds
- Éponge carrée de 51 mm (2 po)
- Ruban-cache
- Pinceau rond, nº 5
- Papier calque
- Papier-transfert et crayon

2 - PRÉPARATION ET COUCHE DE FOND

1. Préparer le tabouret selon les directives de la section *Préparation des meubles pour la peinture.*
2. Peindre le siège et les barreaux en vert sauge. Laisser sécher complètement.
3. Peindre les pieds en blanc cassé. Laisser sécher complètement.
4. En utilisant la photo comme guide, enrouler le ruban-cache autour de chaque pied pour créer une spirale (comme une enseigne de coiffeur). Peindre les pieds sarcelle. Laisser sécher. Enlever le ruban-cache.

3 - PEINDRE LES MOTIFS

1. Avec une éponge carrée de 51 mm (2 po), imprimer des carrés blancs au hasard sur le siège. Utiliser la photo comme guide. Laisser sécher.
2. Décalquer les modèles pour les pétales des marguerites et les reproduire au hasard sur le siège et sur les barreaux du tabouret. Peindre en jaune avec un pinceau rond nº 5. Laisser sécher.
3. Avec l'applicateur en mousse rond et la peinture framboise, imprimer le cœur des marguerites.

Voir à la page 30 pour les modèles des motifs.

NUANCIER

Sauge — *Blanc cassé* — *Sarcelle* — *Framboise* — *Jaune*

Modèles des marguerites

Reproduire la petite marguerite sur les barreaux du tabouret.

Gros plan du siège du tabouret

ABEILLES LABORIEUSES

armoire vieillie et peinte au pochoir

Les abeilles ne peuvent s'empêcher d'être attirées par cette armoire dont le motif de la porte, peint au pochoir, représente un rayon de miel. Placez-la dans la cuisine ou la pièce où vous prenez le petit déjeuner pour créer un effet particulier ou encore dans n'importe quelle pièce pour l'illuminer et l'égayer.

Créé par Jeff McWilliams

1 - MATÉRIEL

Meuble :

- Armoire en bois avec porte à charnières

Pièces en bois :

- 18 demi-œufs de 51 mm (2 po) de long et de 35 mm (1 3/8 po) de large
- 36 pièces en forme de larme (des triangles avec deux coins arrondis), de 25 mm (1 po) de long

Peinture murale au latex, finition coquille d'œuf :

- Jaune or

Peintures à l'acrylique pour artisanat :

- Noir
- Jaune vif
- Orange brûlé
- Bleu foncé
- Havane doré
- Moutarde
- Blanc

Outils et autres :

- Brosse à pocher de 25 mm (1 po)
- Brosse à moucheter
- Pinceau de 25 mm (1 po)
- Papier de verre à grain moyen
- Scellant mat en vaporisateur
- Ruban-cache de 19 mm (3/4 po)
- Colle à bois
- Médium à vieillir artificiellement - brun
- Pochoir en forme de rayon de miel OU feuille d'acétate, marqueur indélébile noir et stylet

2 - PRÉPARATION ET COUCHE DE FOND

1. Enlever la porte, les charnières et la poignée.
2. Préparer l'armoire selon les directives de la section *Préparation des meubles pour la peinture.*
3. Donner deux couches de peinture murale au latex jaune or sur les côtés, la porte, le dessus et l'intérieur de l'armoire. Laisser sécher et poncer entre les couches.
4. Donner une couche d'orange brûlé sur le dessus de l'armoire. Laisser sécher complètement.
5. Poncer le dessus de l'armoire en enlevant un peu de peinture pour lui donner un air ancien. Essuyer la poussière de ponçage.

Suite à la page 34

Pièces de bois en trois dimensions à peindre et à coller pour faire les abeilles.

3 - MOUCHETER ET POCHER

1. Avec une brosse à moucheter, moucheter les côtés de l'armoire avec la peinture havane doré – mais pas la porte ni le dessus de l'armoire (photo 1).
2. Si vous n'avez pas de pochoir en forme de rayon de miel, décalquer le modèle ci-dessous sur une feuille d'acétate avec un marqueur indélébile. Découper le motif avec un stylet.
3. Reproduire le motif de rayon de miel sur l'intérieur du panneau de la porte avec la peinture de couleur moutarde.

4 - PRÉPARER LA SURFACE POUR LES RAYURES

1. Avec la photo en guise de guide, collez des bandes de ruban-cache de 19 mm (3/4 po) de large sur le tour de la porte en les espaçant de 19 mm (3/4 po).
2. Peindre les bandes en orange brûlé (photo 2). Laisser sécher. Enlever le ruban-cache (photo 3).

5 - FABRIQUER LES ABEILLES

1. Peindre les demi-œufs (qui seront le corps des abeilles) en jaune vif.
2. Peindre les larmes (qui seront les ailes des abeilles) en blanc.
3. Peindre trois bandes horizontales en noir sur le corps de chaque abeille.
4. Coller deux ailes sur le corps de chaque abeille. Utiliser la photo comme guide.

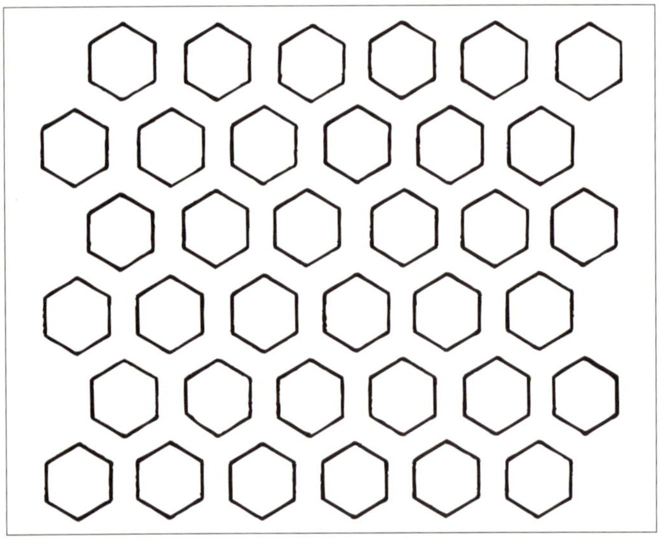

Motif de rayon de miel

Photo 1. Avec une brosse à moucheter, moucheter les côtés de l'armoire en havane doré.

Photo 2. Masquer les rayures du tour de la porte avec du ruban-cache. Peindre en orange brûlé.

Photo 3. Enlever le ruban-cache pour révéler la bordure rayée autour de la porte.

6 - VIEILLISSEMENT, ASSEMBLAGE ET FINITION

1. Appliquer un médium à vieillir artificiellement sur toutes les surfaces de l'armoire – le dessus, les côtés et la porte – et sur les abeilles. Laisser sécher.
2. Peindre la poignée de la porte en bleu foncé. Laisser sécher.
3. Fixer la porte et les charnières sur l'armoire. Fixer la poignée sur la porte.
4. Fixer les abeilles sur l'armoire avec de la colle à bois, en utilisant la photo comme guide pour la disposition.
5. Vaporiser toutes les surfaces d'un scellant mat.

Gros plan de l'armoire

FLEURS, RAYURES ET SPIRALES

fauteuil à bascule pour enfant en carton ondulé peint à la main

Un fauteuil à bascule pour enfant, fait à partir de carton ondulé prédécoupé, devient un ravissant jardin de fleurs grâce à quelques techniques de peinture peu compliquées à réaliser. Quel accueil lorsque votre petit-enfant vous rendra visite !

Créé par Allison Stilwell

1 - MATÉRIEL

Meuble :

- Fauteuil à bascule pour enfant en carton ondulé

Peinture murale au latex :

- Écru

Peintures à l'acrylique pour artisanat :

- Noir
- Vert irlandais
- Fuchsia
- Jaune
- Violet
- Chartreuse

Pinceaux pour artiste :

- Plats nos 6 et 8
- Manuscrit no 1

Outils et autres :

- Médium pour glacis – neutre (une bouteille de 59 ml [2 oz] suffit)
- Ruban-cache de 51 mm (2 po) de large
- Applicateurs en mousse ronds de 19 mm (3/4 po) et de 44 mm (1 3/4 po)
- Pinceaux en mousse
- Scellant à l'acrylique mat en vaporisateur

NUANCIER

2 - PEINTURE DE FOND

Peindre toute la chaise en écru. Laisser sécher.

3 - PEINTURE DES MOTIFS

Dossier

Voir « Comment peindre les fleurs, les feuilles et les vignes » *à la page 38.*

1. Peindre le devant et l'arrière du dossier du fauteuil en violet. Laisser sécher.
2. Pour faire les fleurs, peindre au hasard des formes rondes en jaune.
3. Avec le pinceau plat no 6, peindre les feuilles en vert irlandais. Laisser sécher.
4. Ajouter des spirales noires et des détails aux fleurs et aux feuilles avec le pinceau manuscrit no 1.

Barreaux

1. Peindre les deux côtés des barreaux en violet. Laisser sécher.
2. Sur le devant de chaque barreau, peindre des rayures en vert irlandais de 13 mm (1/2 po) de large. Conseil : Le pinceau plat no 8 chargé de peinture fera des rayures de 13 mm (1/2 po) de large.

Siège

1. Avec le ruban-cache, masquer des rayures de 51 mm (2 po) de large. Mélanger en parts égales du médium pour glacis et de la peinture jaune.
2. Peindre les rayures non masquées avec le mélange jaune. Enlever le ruban-cache. Laisser sécher.

Bras

1. Peindre l'intérieur des bras en chartreuse. Laisser sécher.
2. Mélanger en parts égales du médium pour glacis et du vert irlandais pour obtenir un vert transparent. Peindre l'extérieur des bras du fauteuil avec ce mélange. Laisser sécher.
3. Pour faire les fleurs, imprimer quatre ronds violets à l'aide de l'applicateur en mousse de 44 mm (1 3/4 po) de diamètre. Laisser sécher. Imprimer le cœur des fleurs en jaune avec l'applicateur en mousse de 19 mm (3/4 po) de diamètre. Imprimer les fleurs au hasard sur la face extérieure des bras du fauteuil. Utiliser la photo comme guide pour la disposition.
4. Ajouter des spirales de couleur fuchsia en utilisant le pinceau manuscrit no 1. Laisser sécher.

4 - FINITION

1. Vaporiser les deux côtés de chacune des pièces avec un scellant mat. Laisser sécher complètement.
2. Assembler le fauteuil à bascule selon les directives du manufacturier.

Voir à la page 39 pour les modèles des motifs de ce projet.

Comment peindre des fleurs, des feuilles et des vignes

Explications pour la peinture

Les fleurs et les feuilles sont faciles à peindre à main levée. Voici quelques exemples :

Fig. 1 – Les fleurs

1. Peindre au hasard des formes rondes d'une ou de plusieurs couleurs selon les fleurs que vous désirez obtenir. (Sur l'illustration, des fleurs lavande et jaune clair accentuées d'une touche de rose.) Laisser sécher.
2. Ajouter des feuilles vertes. Voir les fig. 2 et 3. Laisser sécher.
3. Avec un pinceau manuscrit et de la peinture noire, ajouter des spirales autour des fleurs. Tracez quelques lignes à l'intérieur de la forme pour suggérer des pétales et un cœur. Tracez le contour des feuilles. Tracer les détails des fleurs plus petites avec un marqueur indélébile noir à pointe fine.

Fig. 2 – Les feuilles avec un pinceau plat

Chargez le pinceau de peinture. Le déposer sur la surface, là où vous voulez dessiner une feuille. Tirez le pinceau vers vous en le faisant pivoter entre vos doigts à un angle de 90° pour donner la forme pointue à l'extrémité de la feuille. Les dimensions de la feuille dépendront de la largeur du pinceau utilisé, mais la technique demeure la même.

Fig. 3 – Les feuilles avec un pinceau rond

Chargez le pinceau de peinture. Le déposer sur la surface, à l'endroit où vous désirez obtenir une feuille. Tirez le pinceau vers vous tout en le soulevant.

Fig. 4 – Les vignes

Avec un petit pinceau, peindre des lignes ondulées vertes. Avec un pinceau à manuscrit ou un petit pinceau rond, ajouter beaucoup de feuilles.

Fig. 5 – Les fleurs faites avec des points

Les fleurs faites avec des points sont constituées de quatre points d'une couleur et d'un point d'une autre couleur au centre. Faites-en de diverses couleurs et de différentes tailles afin d'obtenir un bouquet ou un jardin de fleurs.

Fleurs, lignes et spirales pour le fauteuil à bascule de la page 37.

Bras du fauteuil

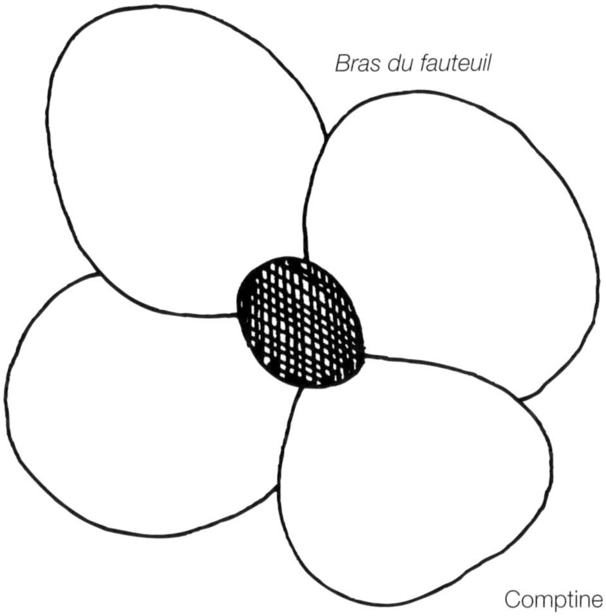

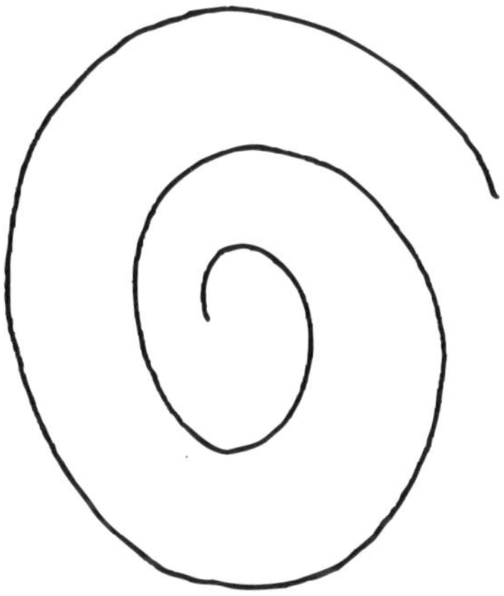

Modèles pour les côtés de la lampe et le dossier du fauteuil

Comptine : lampe illustrée à la page 47.
Modèle pour le dessus de la base

Des cœurs et des fleurs pour le tabouret illustré à la page 43.

Modèle pour le siège du tabouret

Fleurs pour l'étagère
illustrée aux pages 44 et 45.

Voir la photo pour la disposition des motifs.

DES CŒURS ET DES FLEURS

tabouret peint à la main

Ce charmant petit tabouret sera un atout, quelle que soit la pièce où il se trouvera. Placez-le dans une salle de bain afin que les plus jeunes puissent atteindre le lavabo, dans une chambre pour y empiler les magazines ou dans la cuisine pour atteindre les étagères les plus hautes. Les possibilités sont innombrables pour un objet aussi joli.

Des cœurs rose clair sont nichés parmi les fleurs qui ornent le siège d'un tabouret peint dans de jolies couleurs pastels. Les pieds sont divisés en trois parties bien distinctes. Si les pieds de votre tabouret sont droits, divisez-les en trois sections et utilisez du ruban-cache pour les peindre en vous basant sur la photo comme guide. Séparez chacune des sections par d'étroites bandes de couleur.

Créé par Allison Stilwell

1 - MATÉRIEL

Meuble :

- Tabouret en bois

Peintures à l'acrylique pour artisanat :

- Crème
- Violet foncé
- Vert
- Lavande
- Rose clair
- Jaune or
- Jaune clair
- Lavande clair
- Violine
- Jaune

Peinture murale au latex, finition coquille d'œuf :

- Chartreuse, 875 ml (32 oz) suffisent

Pinceaux d'artiste :

- Carré plat n° 4
- Manuscrit n° 1
- Pour la couche de fond n° 8

Outils et autres :

- Pinceau en mousse de 25 mm (1 po)
- Papier calque
- Papier-transfert et crayon
- Vernis à base d'eau
- *Facultatif :* Ruban-cache

2 - PREPARATION ET COUCHE DE FOND

1. Préparer le tabouret selon les directives de la section *Préparation des meubles pour la peinture.*
2. Donner une couche de fond avec la peinture au latex chartreuse. Laisser sécher.

3 - RÉALISATION DU MOTIF

Pieds

1. Peindre des petites fleurs dans la section du bas des pieds. Les pétales sont faits de points violine. Le cœur des fleurs est fait de points jaunes. Les feuilles sont vertes. Voir « Comment peindre les fleurs, les feuilles et les vignes ».
2. Peindre les tours biseautés en crème. Laisser sécher.
3. Ajouter des lignes verticales jaune or à l'aide du pinceau carré plat n° 4. Voir la photo pour l'espacement.

Dessus

1. Peindre le siège du tabouret en lavande clair. Peindre le pourtour en crème.
2. Diluer une petite quantité de vert dans de l'eau pour faire un lavis. À l'aide d'un pinceau en mousse de 25 mm (1 po) chargé de lavis, tracer des lignes verticales sur le pourtour du siège. Laisser sécher.
3. Décalquer le motif et le reproduire sur le tabouret.
4. Peindre les pétales des fleurs en jaune clair. De temps à autre, charger le pinceau de peinture.
5. Peindre les cœurs en rose clair.
6. Peindre les feuilles en vert.
7. Peindre le cœur des fleurs en lavande. Laisser sécher.
8. Parsemer le cœur des fleurs de points jaunes. Laisser sécher.
9. Avec le pinceau manuscrit n° 1 et le violet foncé, tracer le pourtour du motif et ajouter des détails aux feuilles, aux fleurs et aux cœurs. Laisser sécher.

4 - FINITION

Appliquer plusieurs couches de vernis à base d'eau. Laisser sécher entre chaque couche.

Voir le motif de ce projet à la page 40.

PUSS

LES FLEURS

étagère

Des fleurs de fantaisie garnissent les côtés et le fond de cette étagère colorée. Cet ouvrage donnera un charmant cachet au coin déjeuner, à une salle de jeu, à une salle de bain ou à une chambre. Les fleurs sont faciles et agréables à peindre à la main. Vous pouvez également utiliser le motif fourni et le reproduire sur l'étagère. Pour un aperçu détaillé de la façon de peindre les fleurs, consultez la fiche de travail « Comment peindre les fleurs, les feuilles et les vignes ».

Créé par Allison Stilwell

1 - MATÉRIEL

Meuble :

- Étagère en bois de 47,5 cm (18 3/4 po) de long

Peintures à l'acrylique pour artisanat :

- Jaune or
- Rose vif
- Rose clair
- Turquoise
- Prune
- Vert
- Lilas
- Chartreuse
- Lavande clair, 118 ml (4 oz)

Pinceaux d'artiste :

- Carré plat nº 12
- Manuscrit nº 1
- Plat nº 12

Outils et autres :

- Pinceau en mousse de 25 mm (1 po)
- Vernis à base d'eau

NUANCIER

2 - PRÉPARATION ET COUCHE DE FOND

La couche de fond et les motifs sont peints avec de la peinture à l'acrylique pour artiste, qui se trouve le plus souvent en bouteille de 59 ml (2 oz).

1. Préparer l'étagère pour la peinture et la couche de fond selon les directives de la section *Préparation des meubles pour la peinture.*
2. Peindre le fond de l'étagère en lavande clair. Laisser sécher.
3. Peindre l'étagère et les côtés en chartreuse.
4. Peindre le devant de l'étagère en jaune or. Laisser sécher.
5. Peindre les côtés intérieurs en rose clair.

3 - CONCEPTION DU MOTIF

Dos de l'étagère

Voir « Comment peindre les fleurs, les feuilles et les vignes ».

1. Pour réaliser les fleurs au fond de l'étagère, peindre en prune, au hasard, des formes arrondies. Laisser sécher. Ourler l'intérieur des formes prune d'une touche de lilas. Laisser sécher.
2. À l'aide du pinceau manuscrit chargé de lavande clair, tracer des spirales à l'intérieur des fleurs pour suggérer les pétales et le cœur.
3. Peindre les feuilles en vert. Laisser sécher.
4. Peindre les nervures des feuilles en chartreuse. Laisser sécher.

Côtés

1. Peindre en turquoise une ligne ondulée au milieu du bord de l'étagère.

2. Peindre des points rose vif. Laisser sécher.
3. Ajouter une petite touche de lilas à l'intérieur des points rose vif.
4. Sur le bord des côtés de l'étagère, avec le pinceau plat nº 12 chargé de peinture verte, tracer des bandes horizontales de la largeur du pinceau. Laisser sécher.

Intérieur des côtés

1. Avec une règle et un crayon, mesurer et tracer des lignes en diagonale espacées de 38 mm (1 1/2 po), pour former un motif de treillis sur chacun des côtés.
2. Peindre le treillis en vert.
3. Peindre des fleurs en rose vif, en donnant des petits coups de pinceau pour former des formes arrondies à l'intérieur de chaque section du treillis. (De légers espaces entre les coups de pinceau donnent une imitation de roses.) Laisser sécher.
4. Peindre en vert deux petites feuilles à chacune des fleurs.

Côtés extérieurs

1. Mélanger en parts égales le vert et le turquoise. Peindre des vignes sinueuses qui longent la courbe des côtés. Ajouter des feuilles. Laisser sécher.
2. Ajouter des petits points pour les fleurs. Peindre les pétales en prune. Ajouter une touche de jaune or pour le cœur. Laisser sécher.

4 - FINITION

Appliquer deux ou trois couches de vernis à base d'eau. Laisser sécher entre les couches.

LA RONDE DES FLEURS

lampe de chevet

Avec des couleurs joyeuses et des lignes, des fleurs, des points et des spirales, cette lampe illuminera à coup sûr le coin où elle sera posée. Pour savoir comment peindre les fleurs, voir « Comment peindre les fleurs, les feuilles et les vignes » aux pages 38 et 39.

Créé par Allison Stilwell

1 - MATÉRIEL

Meuble :

- Lampe avec base carrée en bois

Peintures à l'acrylique pour artisanat :

- Noir
- Turquoise
- Pêche
- Jaune or
- Jaune
- Rose clair
- Violet
- Vert
- Jaune pâle
- Blanc chaud

Pinceaux pour artiste :

- Manuscrit n° 1
- Petit rond
- Plat n° 12

Outils et autres :

- Pinceau en mousse de 25 mm (1 po)
- Papier calque
- Papier-transfert et crayon
- Ruban de cellophane OU ruban-cache de 13 mm (1/2 po) de large
- Apprêt
- Vernis à base d'eau

NUANCIER

2 - PRÉPARATION ET COUCHE DE FOND

La couche de fond et le motif sont réalisés avec de la peinture à l'acrylique pour artiste qu'on trouve le plus souvent en bouteille de 59 ml (2 oz).

1. Préparer la lampe selon les directives de la section *Préparation des meubles pour la peinture.*
2. Peindre les pieds, la base biseautée et deux côtés opposés de la lampe en jaune. Laisser sécher.
3. Peindre le bord supérieur biseauté en jaune clair. Laisser sécher.
4. Sur les deux côtés opposés peints en jaune, coller des bandes verticales de ruban-cache à 13 mm (1/2 po) d'intervalle. Peindre les bandes en turquoise. Laisser sécher. Appliquer une deuxième couche. Laisser sécher. Enlever le ruban-cache.
5. Peindre les deux autres côtés opposés de la lampe en rose clair. Laisser sécher.
6. Peindre en violet le dessus de la base. Laisser sécher.
7. Tracer le motif de la base. Le reproduire sur la base de la lampe.

3 - CONCEPTION DU MOTIF

Côtés

Voir « Comment peindre les fleurs, les feuilles et les vigne ».

1. Peindre les fleurs sur les côtés rayés, en se basant sur la photo pour leur disposition. Peindre d'abord des formes rondes au hasard avec les couleurs blanc chaud et jaune or. En peignant les pétales, ajouter des touches de jaune et de pêche à votre pinceau. Laisser sécher.
2. Ajouter des feuilles vertes. Laisser sécher.
3. À l'aide du pinceau manuscrit et de la peinture noire, tracer des spirales à l'intérieur des formes des fleurs pour imiter les pétales et le cœur. Tracer le contour des feuilles et peindre les veines du cœur.
4. Sur les côtés roses, avec le pinceau manuscrit, peindre des spirales en jaune or. Se baser sur la photo comme guide.

Pieds

À l'aide du petit pinceau rond, ajouter des points en turquoise.

Dessus

1. Peindre des fleurs semblables à celles qui sont peintes sur les côtés de la lampe.
2. Avec le pinceau manuscrit n° 1, peindre en noir le contour des fleurs et ajouter des pétales et des feuilles.
3. Avec le pinceau manuscrit n° 1, peindre en noir les mots « Nous n'irons plus au bois ». Laisser sécher.

4 - FINITION

Appliquer deux couches de vernis à base d'eau. Laisser sécher entre les couches.

Voir à la page 39 pour les motifs.

Ring
around

NE ME PIQUE PAS

escabeau peint à la main

Des petites bêtes – un mélange de réalisme et de baroque – ornent cet escabeau coloré qui porte un message. Les modèles de bestioles sont fournis, mais osez improviser. Le monde regorge de petites bêtes toutes plus étranges les unes que les autres. Vous ne risquez donc rien !

Créé par Allison Stilwell

1 - MATÉRIEL

Meuble :

- Escabeau en bois

Peinture murale au latex, finition coquille d'œuf

- Blanc, 236 ml (8 oz) suffisent

Peintures à l'acrylique pour artisanat :

- Turquoise
- Fuchsia
- Rose clair
- Noir
- Orange
- Pourpre
- Bleu métallique
- Chartreuse
- Jaune
- Violet

Pinceaux pour artiste

- Plat carré n° 12
- Manuscrit n° 1

Outils et autres :

- Papier calque
- Papier-transfert et crayon
- Pinceau en mousse de 25 mm (1 po)
- Vernis à base d'eau

NUANCIER

Voir les pages 51 à 53 pour le modèle des motifs.

2 - PRÉPARATION ET COUCHE DE FOND

1. Préparer le tabouret selon les directives de la section *Préparation des meubles pour la peinture.*
2. Peindre le tabouret avec le latex blanc. Laisser sécher.
3. Donner une deuxième couche de blanc sur la tranche des pieds. Laisser sécher.
4. Peindre les marches en chartreuse. Laisser sécher.
5. Peindre l'intérieur des côtés en rose clair.
6. Peindre l'extérieur des côtés en fuchsia.
7. Avec le pinceau manuscrit n° 12, peindre en noir des lignes horizontales sur la tranche des côtés, en les espaçant régulièrement pour donner l'effet d'un damier. Laisser sécher.

3 - PEINDRE LE MOTIF

1. Avec le schéma fourni, tracer les mots « Ne me », puis les reproduire sur le dessus de l'escabeau. Tracer ensuite les mots « pique pas » et les reproduire sur la marche ou, à l'aide d'un crayon, écrire les mots à main levée d'un trait léger. Peindre les lettres en noir avec le pinceau manuscrit n° 1. Laisser sécher.
2. Avec les modèles fournis, décalquer les insectes et les reproduire sur les marches de l'escabeau. Les peindre avec les couleurs du nuancier. Voir « Conseils pour peindre les insectes ». Laisser sécher.
3. À l'aide du pinceau manuscrit n° 1, tracer le pourtour des insectes en noir. Laisser sécher.

4 - FINITION

Appliquer deux ou trois couches de vernis à base d'eau. Laisser sécher entre les couches.

Conseils pour peindre les insectes

- Dessinez les insectes avec des couleurs vives.
- Utiliser le bleu métallique pour les ailes afin d'ajouter des reflets et du lustre.
- Ajouter des petits détails rigolos avec un marqueur indélébile. Créer des fourmis en ajoutant de minuscules pattes à trois petits points ou des mille-pattes en traçant une ligne fine avec beaucoup de pattes. Dessiner une toile d'araignée quelque part.
- Diluer les peintures avec de l'eau pour obtenir un lavis – un effet qui ressemble à de la peinture à l'eau.

DON'T
BUG
ME

Illustration : Gros plan de l'escabeau – instructions à la page 48.

Les modèles d'insectes de cette page sont utilisés pour l'escabeau « Ne me pique pas », illustré à la page 40 ; la chaise « Repos mérité », illustrée à la page 55 et l'étagère « Cesse de m'embêter », à la page 56.

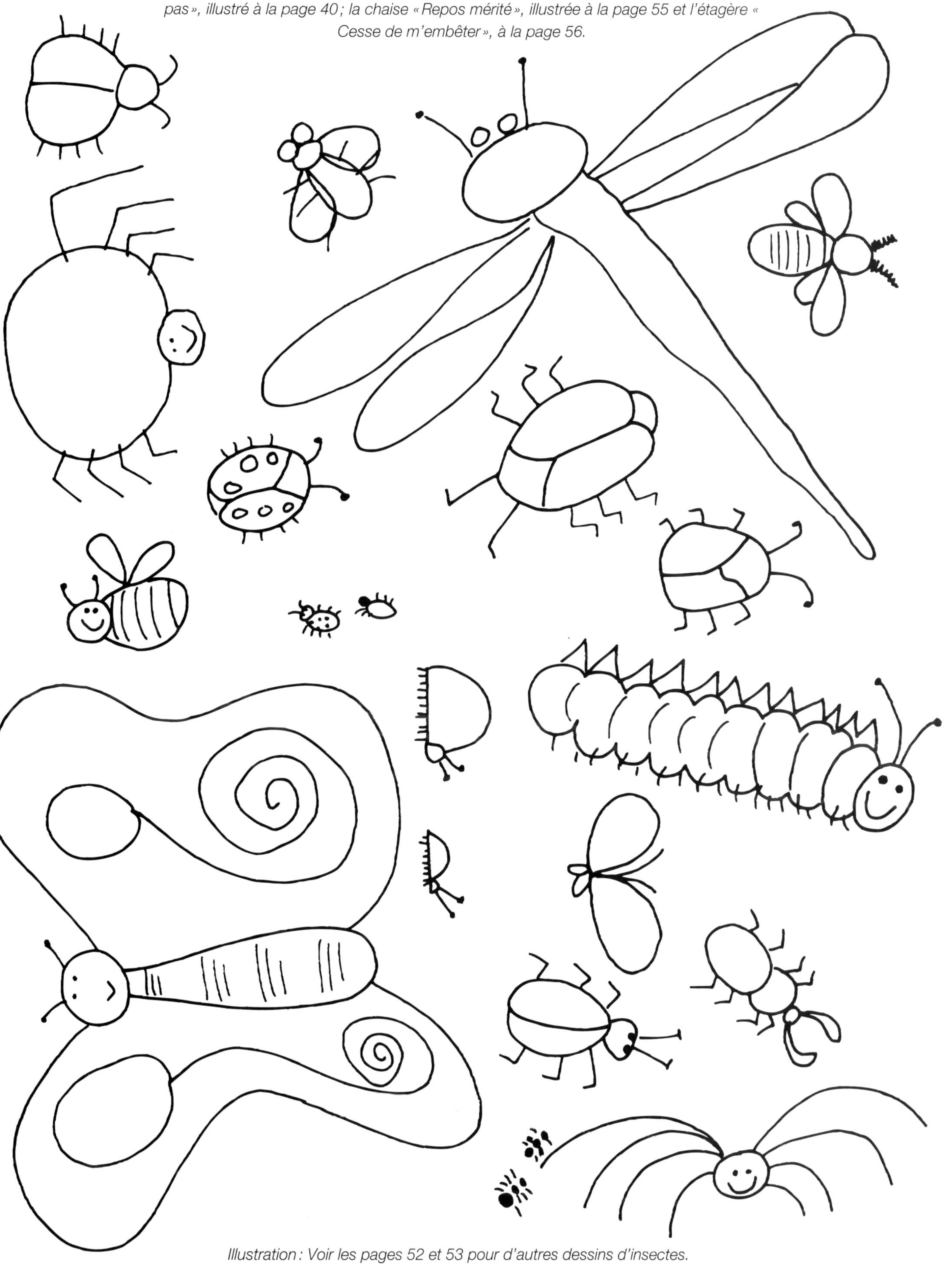

Illustration : Voir les pages 52 et 53 pour d'autres dessins d'insectes.

Modèles d'insectes pour les projets illustrés aux pages 49, 55 et 56.

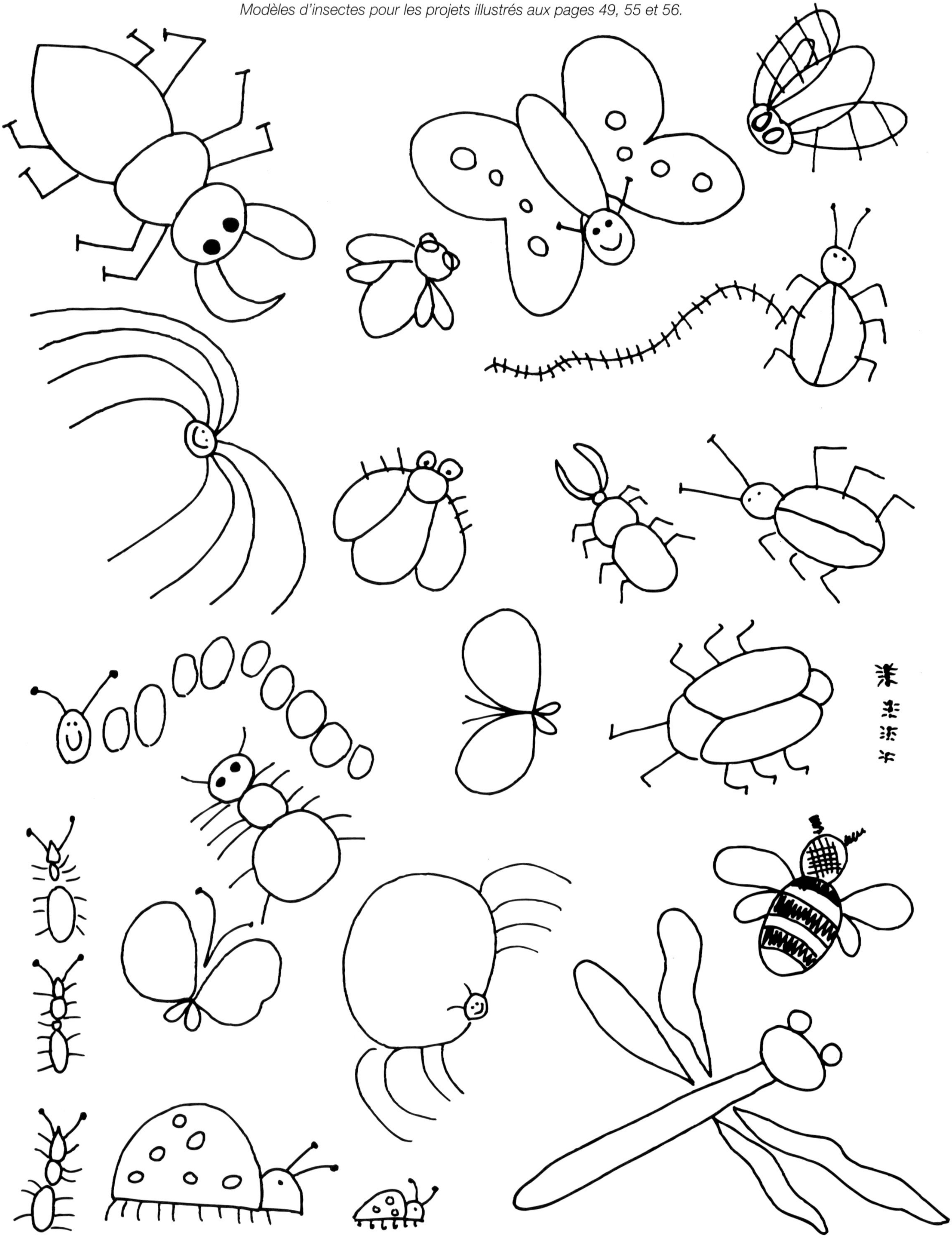

Modèles pour les projets illustrés aux pages 49, 55 et 56.

NE ME PIQUE PAS

REPOS MÉRITÉ

Tu m'embêtes

Cesse de m'embêter

REPOS MÉRITÉ

chaise d'enfant peinte à la main

Voici la chaise parfaite pour se reposer un instant – peinte avec des couleurs vives et garnie de damiers noir et blanc et d'une ribambelle d'insectes colorés. Un enfant ne refusera jamais de s'y reposer un instant. Utilisez le modèle fourni pour les lettres ou tracez-les à main levée. Dans un premier temps, décalquez-les avec du papier calque, puis placez le papier sur la chaise pour voir si l'effet vous convient.

Créé par Allison Stilwell

1 - MATÉRIEL

Meuble :

- Chaise d'enfant rustique avec siège en paille tressée

Peinture murale au latex, finition coquille d'œuf :

- Blanc, 236 ml (8 oz) suffisent

Peintures à l'acrylique pour artisanat :

- Turquoise
- Noir
- Bleu métallique
- Bleu d'outremer
- Fuchsia
- Vert
- Orange
- Vert lime
- Pêche
- Pourpre
- Jaune

Pinceaux d'artiste :

- Carrés plats n°s 4 et 8
- Manuscrit n° 1

Outils et autres :

- Papier calque
- Papier-transfert et crayon
- Pinceau en mousse de 25 mm (1 po)
- Vernis à base d'eau
- Papier de verre à grain fin
- Ruban-cache de 13 mm (1/2 po) de large

2 - PRÉPARATION ET PEINTURE DE FOND

1. Poncer légèrement la chaise pour éliminer les endroits rugueux. Essuyer la poussière de ponçage.
2. Avec la peinture au latex blanc, peindre les parties en bois de la chaise en prenant soin de ne pas tacher le siège. Laisser sécher.
3. Avec le ruban-cache de 13 mm (1/2 po) de large, faire des bandes sur la tranche du barreau vertical entre les pieds arrière et en haut des traverses médiane et supérieure du dossier de la chaise, en haut des pieds avant et en bas du pied avant gauche.

Voir la photo pour la disposition.

4. Peindre les pieds avant et arrière en vert lime. Laisser sécher.
5. Peindre le dossier en bleu d'outremer.
6. Peindre le barreau entre les pieds avant et celui du côté droit en turquoise.
7. Peindre le barreau du côté gauche et celui au dos de la chaise en pêche. Laisser sécher.
8. Enlever le ruban-cache. Avec le pinceau carré plat n° 4, peindre en noir des bandes verticales sur la peinture blanche pour donner l'effet de damier. Laisser sécher.

3 - PEINDRE LES MOTIFS

1. Avec le modèle fourni, décalquer « Repos mérité » et le reproduire sur le dossier de la chaise, puis décalquer « Tu m'embêtes ! » et le reproduire sur le barreau avant de la chaise ou tracer légèrement ces mots au crayon, à main levée. Peindre les lettres en noir, avec le pinceau manuscrit n° 1. Laisser sécher.
2. Avec le modèle fourni, décalquer les différents insectes et les reproduire sur les pieds, les barreaux et le dossier de la chaise. Utiliser les couleurs du nuancier pour les peindre. Voir « Conseils pour peindre les insectes ». Laisser sécher.
3. Avec le pinceau manuscrit n° 1, tracer le contour des insectes en noir. Laisser sécher.

4 - FINITION

1. Appliquer deux ou trois couches de vernis à base d'eau sur les parties en bois de la chaise. Laisser sécher entre les couches.

Voir les modèles des motifs aux pages 51 à 53.

TIME
OUT
You're bugging me!

CESSE DE M'EMBÊTER!

étagère peinte à la main

Cette étagère murale comportant un message est peinte dans des tons pastel et est décorée de petites bêtes aux couleurs vives et d'un bord à effet de damier noir et blanc. C'est le meuble idéal pour y déposer des pots de fleurs colorés qui serviront de rangement.

Créé par Allison Stilwell

1 - MATÉRIEL

Meuble:

- Étagère murale en bois avec tablier dentelé

Peinture murale au latex, finition coquille d'œuf:

- Blanc chaud, 236 ml (8 oz) suffisent

Peintures à l'acrylique pour artisanat:

- Turquoise
- Noir
- Bleu métallique
- Bleu vif
- Chartreuse
- Fuchsia
- Vert
- Orange
- Pêche clair
- Pêche
- Pourpre
- Jaune

Pinceaux pour artiste:

- Plat de 19 mm (3/4 po)
- Manuscrit n° 1

Outils et autres:

- Papier calque
- Papier-transfert et crayon
- Pinceau en mousse de 25 mm (1 po)
- Vernis à base d'eau
- Papier de verre à grain fin

Voir les modèles pour le projet aux pages 51 à 53.

2 - PRÉPARATION ET COUCHE DE FOND

1. Poncer légèrement l'étagère. Essuyer la poussière de ponçage.
2. Donner une couche de fond avec le latex blanc chaud. Laisser sécher.
3. Donner une deuxième couche de latex blanc chaud sur le dessus et la tranche de l'étagère.
4. Peindre le dessous de l'étagère en chartreuse.
5. Peindre le tablier festonné de l'étagère en pêche clair.
6. Peindre le pourtour du tablier festonné en pêche.
7. Avec le pinceau plat de 19 mm (3/4 po), peindre en noir des bandes verticales sur la tranche de l'étagère pour donner un effet de damier. Laisser sécher.

3 - PEINDRE LE MOTIF

1. Avec le modèle fourni, décalquer « Cesse de m'embêter ! » et le reproduire sur le tablier festonné de l'étagère, ou tracer les mots à main levée, en utilisant la photo comme guide pour la disposition. Avec le pinceau manuscrit n° 1, peindre le lettrage en noir. Laisser sécher.
2. Avec les modèles fournis, décalquer les différents insectes et les reproduire sur le tablier festonné. Les peindre en utilisant les couleurs du nuancier. Laisser sécher.
3. Avec le pinceau manuscrit n° 1, tracer le contour des insectes en noir. Laisser sécher.

4 - FINITION

Appliquer deux ou trois couches de vernis à base d'eau. Laisser sécher entre les couches.

DES CITRONS SAVOUREUX

table porte-magazines

L'ovale simple des citrons et des feuilles orne les côtés des pieds de cette table. La finition texturée du dessus ajoute du caractère et donne un petit air ancien. Pour la réaliser, appliquez plusieurs couches de peinture, puis poncez les bords pour révéler les différentes couleurs et mettre le bois à nu par endroits.

Créé par Allison Stilwell et Tracy Page Stilwell

1 - MATÉRIEL

Meuble:
- table porte-magazines

Peinture murale au latex, fini coquille d'œuf:
- Blanc cassé, 875 ml (32 oz) suffisent

Peintures à l'acrylique pour artisanat:
- Ambre brûlé
- Chartreuse
- Vert
- Lavande
- Vert menthe
- Jaune

Pinceaux pour artiste:
- Plats de 19 mm (3/4 po), 13 mm (1/2 po)

Outils et autres:
- Pinceau en mousse
- Papier de verre à grain moyen et fin
- Scellant mat en vaporisateur
- Voir les motifs de ce projet à la page 60.

2 - PRÉPARATION ET COUCHE DE FOND

1. Préparer la table selon les directives de la section *Préparation des meubles pour la peinture.*
2. Donner une couche de blanc cassé. Laisser sécher. Poncer. Essuyer la poussière de ponçage. Donner une deuxième couche de blanc cassé. Poncer de nouveau et essuyer la poussière. Donner une troisième couche au besoin, pour obtenir une surface opaque.

3 - APPLIQUER LES COULEURS

Pieds

1. Peindre l'intérieur et l'extérieur des pieds en chartreuse. Laisser sécher.
2. Peindre la tranche des pieds en lavande. Laisser sécher.
3. Avec le pinceau plat de 19 mm (3/4 po), peindre en vert des bandes horizontales sur la tranche des pieds pour donner un effet de damier.

Tablette du bas

1. Peindre le dessus et les côtés de la tablette en lavande.
2. Peindre le dessous de la tablette en vert menthe.

Dessus de la table

1. Peindre la tranche du dessus de la table ambre brûlé. (Cette partie sera repeinte, donc ne pas trop s'en soucier.) Laisser sécher.
2. Donner une couche de vert menthe par-dessus la couche ambre brûlé. Laisser sécher.
3. Donner le couche de chartreuse par-dessus la couche de vert menthe. Laisser sécher.
4. Avec le pinceau de 13 mm (1/2 po), peindre en vert des bandes verticales le long de la tranche du dessus de la table. Laisser sécher.
5. Donner une autre couche de blanc cassé sur le dessus de la table, en évitant les bords. Laisser sécher complètement.

4 - VIEILLIR ARTIFICIELLEMENT

Voir « Pour vieillir artificiellement » à la page 60.

Avec du papier de verre à grain fin ou moyen, poncer le dessus et les bords de la table, en travaillant davantage les bords, pour exposer les couches de peinture et, à certains endroits, mettre le bois à nu afin de créer un effet ancien. Essuyer la poussière de ponçage.

5 - PEINDRE LES CITRONS

Peindre les citrons en utilisant le modèle à la page 60 ou à main levée, en suivant les directives de la page 60. Utiliser le modèle fourni pour les feuilles ou les dessiner au crayon, à traits légers tout simplement, et peindre l'intérieur.

1. Avec le pinceau plat de 13 mm (1/2 po), peindre les citrons en jaune.
2. Peindre les feuilles en vert. Laisser sécher complètement.

6 - FINITION

Vaporiser d'un scellant mat.

LES CITRONS

Pour vieillir artificiellement

La finition ancienne ajoute du caractère à la pièce travaillée en lui donnant un air d'autrefois. Vous pouvez créer très simplement une finition ancienne en superposant des couches de couleur, puis en ponçant une fois la peinture sèche. Cette technique permet d'enlever un peu de peinture et d'exposer les différentes couleurs tout en laissant parfois paraître le bois nu. Poncez davantage les extrémités de l'objet, en concentrant vos efforts sur les endroits que le temps devrait naturellement avoir marqué, pour obtenir un effet naturel.

Pour cette sorte de ponçage, n'utilisez pas de bloc de ponçage ni de ponceuse électrique. Afin d'obtenir une finition irrégulière, poncez à la main ; vous aurez ainsi un meilleur contrôle. Choisissez un papier de verre à grain moyen ou moyen-fin pour enlever plus de peinture et à grain fin pour en enlever moins. Il est conseillé de commencer doucement et d'enlever moins de peinture sur les côtés plutôt que d'en enlever trop. Vous pourrez toujours poncer de nouveau pour en enlever davantage. Arrêtez lorsque le résultat vous satisfait. Après le ponçage, essuyez la poussière avec un chiffon à dépoussiérer.

Comment peindre un citron

Les citrons peuvent être peints en reproduisant le modèle ou à main levée, avec un pinceau plat de 13 mm (1/2 po) et un mélange de peintures jaune et jaune or. Pour les peindre à main levée, suivre les étapes suivantes. Exercez-vous sur un carton pour affiche ou sur un papier épais avant de les peindre sur le meuble.

1. Peindre une ligne courbe sur un côté.
2. Peindre une autre ligne courbe en face pour créer une forme ovale.
3. Peindre un petit ovale à l'intérieur du grand, à l'extrémité où sont les feuilles.
4. Peindre un peu les extrémités du grand ovale.

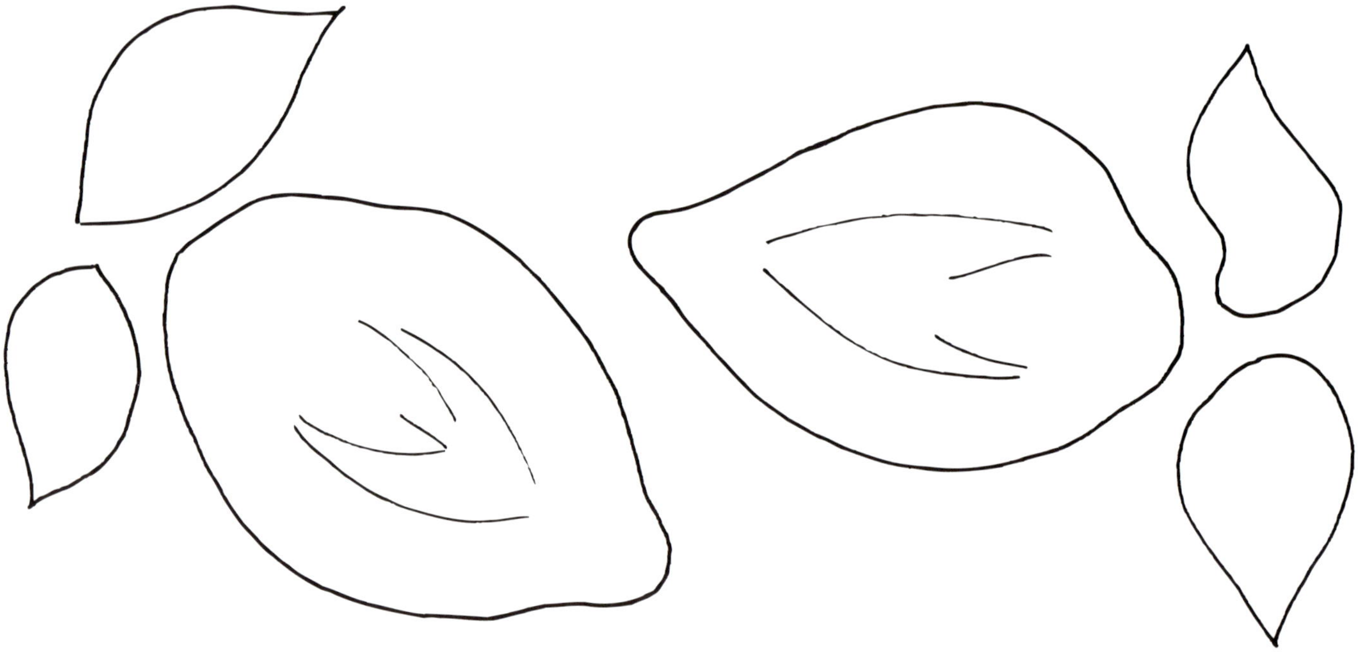

Modèles pour gloires du matin et pots de fleurs

Directives à la page 62

Agrandissez le modèle à 155 % à la photocopieuse pour obtenir les dimensions données dans les directives.

Modèle pour le dessus

Modèle pour les côtés
Inverser pour l'autre côté.

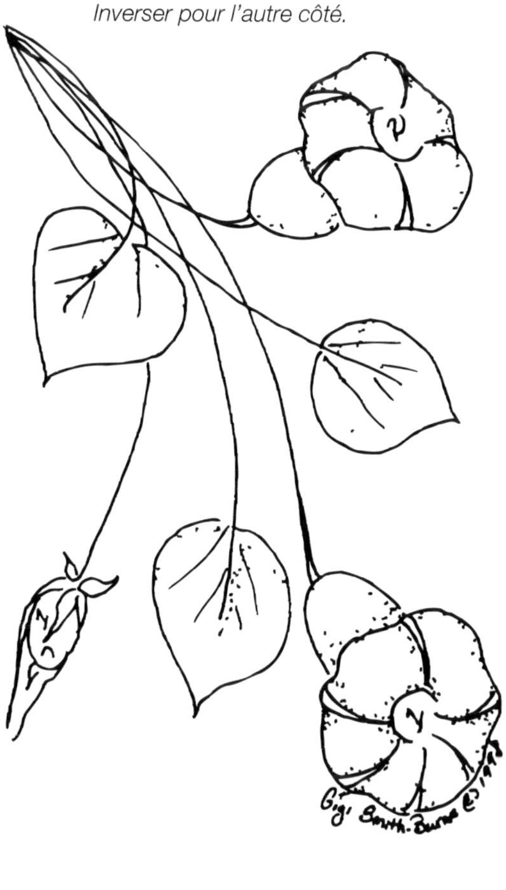

Modèle pour la porte

GLOIRES DU MATIN ET POTS DE FLEURS

socle pour plante décoré de motifs peints

Les gloires du matin fleurissent toute la journée sur le dessus et les côtés de ce socle pour plante, ainsi que dans la scène de jardin peinte sur la porte du compartiment de rangement sous le dessus du socle. Les directives étape par étape pour peindre les gloires du matin et les feuilles se trouvent sur la fiche de travail « Comment peindre les gloires du matin ».

Créé par Gigi Smith-Burns

1 - MATÉRIEL

Meuble :

- Socle pour plante en bois

Peinture murale au latex, finition coquille d'œuf :

- Blanc chaud, 875 ml (32 oz) suffisent

Peintures à l'acrylique pour artisanat :

- Noir
- Fuchsia
- Mordoré
- Lavande
- Gris clair
- Violet
- Blanc
- Vert foncé
- Brun doré
- Indigo
- Bleu-gris clair
- Jaune clair
- Blanc chaud

Peintures à l'acrylique pour artiste :

- Vert ambre
- Ambre brûlé
- Vert moyen
- Rouge oxyde clair
- Vert clair
- Vert foncé

Pinceaux pour artiste :

- Angulaire de 13 mm (1/2 po)
- Manuscrit n° 0
- Pied de biche
- Mouilleur plat de 25 mm (1 po)
- Brosse à moucheter ou brosse à dents pour éclabousser

Outils et autres :

- Médium d'allongement à l'acrylique
- Papier calque
- Papier-transfert et crayon
- Palette humide jetable
- Gomme à effacer
- Vernis à base d'eau

2 - PRÉPARATION ET COUCHE DE FOND

1. Enlever les charnières de la porte, la serrure et la porte. Préparer le socle selon les directives de la section *Préparation des meubles pour la peinture.*
2. Donner une couche de latex au socle, à la porte et à la serrure. Laisser sécher. Donner une deuxième couche. Laisser sécher. Donner une troisième couche au besoin, pour obtenir une surface opaque.
3. Décalquer le motif et l'agrandir afin de l'adapter aux dimensions du socle. Le reproduire à traits légers sur le socle.
4. Humecter la porte avec le médium d'allongement à l'acrylique. Badigeonner du gris clair aux coins inférieur gauche et supérieur droit. Appliquer une touche de jaune clair au centre pour reproduire la lumière du soleil.

3 - PEINDRE LE MOTIF

Note : Utiliser un pinceau angulaire de 13 mm (1/2 po) pour la plupart des ombres et des reflets. Charger légèrement le pinceau de médium d'allongement à l'acrylique, puis le tapoter sur la palette de sorte qu'un seul côté du pinceau soit chargé, à moins d'une indication contraire.

Pot de fleurs à la verticale

1. Donner une couche de fond avec le rouge oxyde clair.
2. Ombrer avec l'ambre brûlé.
3. Éclairer avec le rouge oxyde clair additionné d'une touche de blanc chaud.

Pot de fleurs renversé

1. Donner une couche de fond avec un mélange d'une part de rouge oxyde clair contre deux parts de blanc chaud.
2. Ombrer avec le rouge oxyde clair.
3. Éclairer avec le blanc chaud additionné d'une touche de rouge oxyde clair.
4. Renforcer l'ombre avec du rouge oxyde clair additionné d'ambre brûlé.
5. Peindre la terre qui se répand du pot en mordoré et ambre brûlé.

Feuilles

1. Peindre grossièrement les feuilles de différentes couleurs en utilisant le vert clair, le vert moyen et le vert moyen additionné de vert foncé. Se servir de la photo comme guide pour les couleurs. Laisser sécher.
2. Appliquer le médium d'allongement sur toute la surface, puis, avec un large pinceau préalablement trempé dans ce médium, prendre une petite quantité de vert ambré et peindre l'endroit du feuillage sur le dessin pour créer l'ombre. Laisser sécher.
3. Ombrer les feuilles vert clair avec du vert ambré et éclairer avec du jaune clair.
4. Ombrer les feuilles vert moyen avec du vert foncé et éclairer avec du jaune clair.
5. Éclairer les feuilles vert moyen et vert foncé avec du jaune clair.
6. Ajouter des nervures à toutes les feuilles et tracer le contour en vert foncé. Peindre les vignes en vert foncé.

Suite à la page 64

Gloires du matin roses

1. Donner une couche de fond fuchsia.
2. Ombrer avec du fuchsia additionné d'une touche d'indigo.
3. Tracer les nervures en bleu-gris clair. Ombrer de chaque côté des nervures avec le mélange à ombrer (fuchsia additionné d'une touche d'indigo).
4. Charger un côté du pinceau avec du blanc chaud et peindre le cœur. Laisser sécher. Recommencer avec le jaune clair.

Gloire pourpre du matin

1. Donner une couche de fond lavande.
2. Ombrer avec le pourpre.
3. Tracer les veines avec le bleu-gris clair et ombrer de chaque côté avec du pourpre additionné d'une touche d'indigo.
4. Charger un côté du pinceau de blanc chaud et peindre le cœur. Laisser sécher. Recommencer avec le jaune clair.

Oiseau

1. Peindre le corps en gris clair. Ombrer avec l'indigo. Éclairer avec le blanc.
2. Peindre la tête en noir. La strier de blanc.
3. Peindre l'aile en gris clair. La strier d'ambre brûlé.
4. Renforcer l'ombre du corps avec du noir.
5. Peindre l'œil en noir. Éclairer avec le blanc chaud.

6 Peindre le bec en jaune clair. Ombrer avec le havane doré.

Arbre

1. Diluer le brun doré et peindre le tronc. Ombrer avec l'ambre brûlé. Renforcer l'ombre avec du vert-noir foncé.
2. Avec le pinceau pied de biche, peindre le feuillage en pointillés vert clair, vert moyen et vert foncé additionné d'une touche de vert-noir foncé.

Cabane à oiseau

1. Peindre les murs en gris clair. Ombrer avec l'indigo.
2. Peindre le toit en rouge oxyde clair.
3. En noir, tracer le contour de la cabane et peindre le trou pour l'entrée et le fil.

Fleurs et herbe

1. Charger le pinceau manuscrit de blanc chaud. Peindre les pétales.
2. Peindre le cœur d'une touche de jaune pâle.

Gros plan de la porte

3. Avec le pinceau manuscrit chargé de peinture vert-noir foncé, tracer des brins d'herbe. Laisser sécher.

4 - FINITION

1. Installer les charnières, la porte et la serrure.
2. Moucheter avec l'indigo et le fuchsia. Essuyer la peinture sur les charnières avec un chiffon en coton. Laisser sécher complètement.
3. Appliquer deux couches ou plus de vernis à base d'eau. Laisser sécher entre les couches.
4. Installer la poignée de la porte.

Comment peindre les gloires du matin

Fiche de travail

Fig. 1 : Une couche de fond et l'ombre ont été appliquées sur les fleurs et les feuilles.

Fig. 3 : Les feuilles sont mises en valeur. Les fleurs sont ombrées de chaque côté des nervures. Le cœur des fleurs est peint et éclairé.

Fig. 2 : L'ombre des feuilles est accentuée et des nervures sont dessinées sur les pétales des fleurs.

Fig. 4 : L'ombre sur les fleurs est accentuée. Le contour des feuilles est légèrement souligné.

Termes de peinture d'après Gigi Smith-Burns

Ombrer : Pour foncer ou donner de la profondeur à une zone, l'ombre est normalement placée aux courbes d'un objet ou sous quelque chose. J'applique parfois plusieurs couches d'ombre, de sorte que chacune des couches superposées s'arrête légèrement avant la couche précédente. L'objectif est d'attirer l'œil vers le point le plus éloigné.

Éclairer : Pour éclairer ou illuminer une zone, pour faire paraître une zone plus près ou plus brillante. Je donne deux couches. La première avec une couleur claire ; la deuxième, avec une couleur plus éclatante.

Éclairer en rond : Cette technique permet d'éclairer une zone circulaire. Charger un côté d'un pinceau plat ou angulaire de la couleur spécifiée. Avec la couleur vers l'intérieur, faire pivoter le pinceau sur lui-même en un cercle, en maintenant le côté plus dilué vers l'extérieur.

Faire chatoyer : Une couleur diluée est appliquée sur une zone, le centre étant plus prononcé, la couleur s'atténuant vers l'extérieur. À l'aide d'un pinceau chargé d'un côté et qui a été ramolli sur la palette, mouillez la couleur, puis inversez rapidement le processus en retournant le pinceau et en mouillant la couleur contre la couche de couleur qui a déjà été appliquée. Cela crée un effet de chatoiement avec une couleur vive au centre, qui s'atténue vers l'extérieur.

Charger d'un côté : Avec un pinceau plat ou angulaire, chargez un côté du pinceau avec la couleur. Ne pas permettre à la peinture de traverser plus du quart des soies ; utiliser une palette mouillée.

LIBELLULES ET MARGUERITE

table basse décorée de motifs imprimés et faits au pochoir

Les marguerites au pochoir et les libellules imprimées décorent cette table basse colorée. Il est facile de tracer le contour des motifs avec un marqueur noir indélébile. Un damier au pochoir borde le dessus de la table et garnit le haut des pieds. Les modèles sont fournis pour des pochoirs prédécoupés. Un rayon de soleil dans un solarium !

Créé par Kathi Malarchuk

1 - MATÉRIEL

Meuble :

- Table basse en bois

Peinture murale au latex, fini coquille d'œuf :

- Jaune, 875 ml (32 oz) suffisent

Peintures à l'acrylique pour artisanat :

- Noir
- Lavande
- Pourpre
- Vert
- Magenta
- Blanc
- Jaune

Outils et autres :

- Applicateur en mousse en forme de libellule
- Feuilles d'acétate
- Stylet
- Marqueur noir indélébile à pointe moyenne
- Ruban-cache
- Brosses à pocher
- Pinceaux en mousse
- Petit rouleau en mousse
- Papier de verre à grain fin
- Vernis à base d'eau

NUANCIER

Directives à la page 68

2 - PRÉPARATION ET COUCHE DE FOND

1. Préparer la table selon les directives de la section *Préparation des meubles pour la peinture.*
2. Donner deux couches de latex jaune sur le dessus de la table et sur les pieds. Laisser sécher et poncer entre les couches.
3. Donner deux couches de lavande sur le tablier de la table. Laisser sécher et poncer entre les couches.

3 - DESSINER LES MARGUERITES AU POCHOIR

1. Reproduire le motif des marguerites sur les feuilles d'acétate. Découper avec un stylet.
2. Sur le tablier de la table, au pochoir, peindre en blanc les pétales du devant (les plus petits), en vous basant sur la photo. Colorer le cœur en magenta.
3. Protéger une bande de 44 mm (1 3/4 po) tout autour de la table, là où la bordure en damier sera dessinée au pochoir.
4. En vous basant sur la photo, peindre au pochoir les plus grands pétales sur le dessus de la table. Utiliser la couleur magenta pour certains et lavande pour d'autres et, parfois, faire en sorte que les fleurs se chevauchent. Laisser sécher.
5. Au pochoir, peindre les petits pétales par-dessus les grands, en utilisant la couleur lavande sur les pétales magenta et violet, sur les pétales lavande. Utiliser la photo comme guide. Laisser sécher.
6. Au pochoir, peindre en blanc le cœur des fleurs. Laisser sécher.
7. Tracer le contour des fleurs avec le marqueur noir à pointe moyenne (photo 2).

4 - IMPRIMER LES LIBELLULES

1. Charger de peinture noire le centre de l'applicateur (la tête de la libellule, le thorax et la queue). Charger les ailes de peinture verte (photo 3).
2. En tenant l'applicateur par la poignée, le poser sur la surface et exercer une pression uniforme avec les doigts pour que le motif s'imprime sur la surface (photo 4). Se servir par la suite de la poignée pour soulever l'applicateur (photo 5). Imprimer les autres libellules en utilisant la même technique et les mêmes couleurs. Pour donner l'impression qu'une partie de la libellule est sous une marguerite, couvrir la marguerite de papier-cache avant d'imprimer la libellule.
3. Enlever le ruban-cache de la bordure. Laisser la peinture sécher complètement.

5 - LA BORDURE EN DAMIER

1. Tracer le motif du damier sur une feuille d'acétate. Découper avec un stylet.
2. Peindre les damiers autour du dessus de la table et du haut des pieds. Utiliser la photo comme guide. Laisser sécher complètement.
3. Au marqueur noir, tracer le contour du damier sur le dessus de la table. Utiliser une règle pour faire des lignes droites et régulières.

Photo 1. Avec une brosse à pocher, dessiner les plus gros pétales de la marguerite en premier.

Photo 2. Tracer ensuite le contour des fleurs avec le marqueur noir.

Photo 3. En tenant l'applicateur par la poignée, le charger de peinture en utilisant un petit rouleau ou un pinceau en mousse.

Photo 4. Avec les doigts exercer une pression régulière sur l'applicateur pour obtenir une empreinte uniforme.

Photo 5. Soulever l'applicateur par la poignée sans le faire glisser sur la surface.

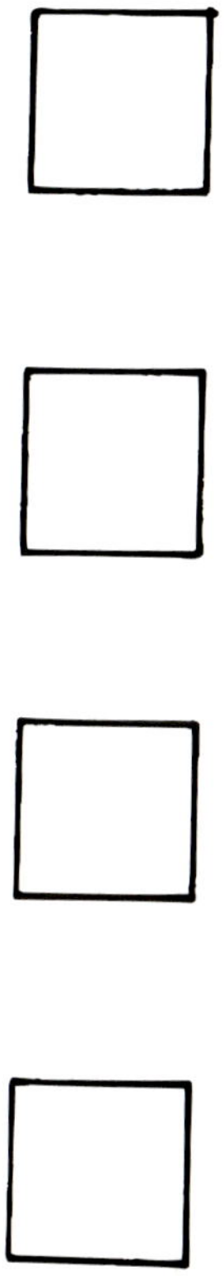

Motif du damier pour la bordure

6 - LES RAYURES

1. Masquer des bandes de 25 mm (1 po) de large sur les pieds de la table, en se basant sur la photo pour la disposition.
2. Peindre les bandes en pourpre et en lavande. Voir la photo. Retirer le ruban-cache. Laisser sécher.
3. Peindre la tranche de la table en pourpre. Laisser sécher.

7 - LA FINITION

Sceller avec deux ou trois couches de vernis à base d'eau. Laisser sécher entre les couches.

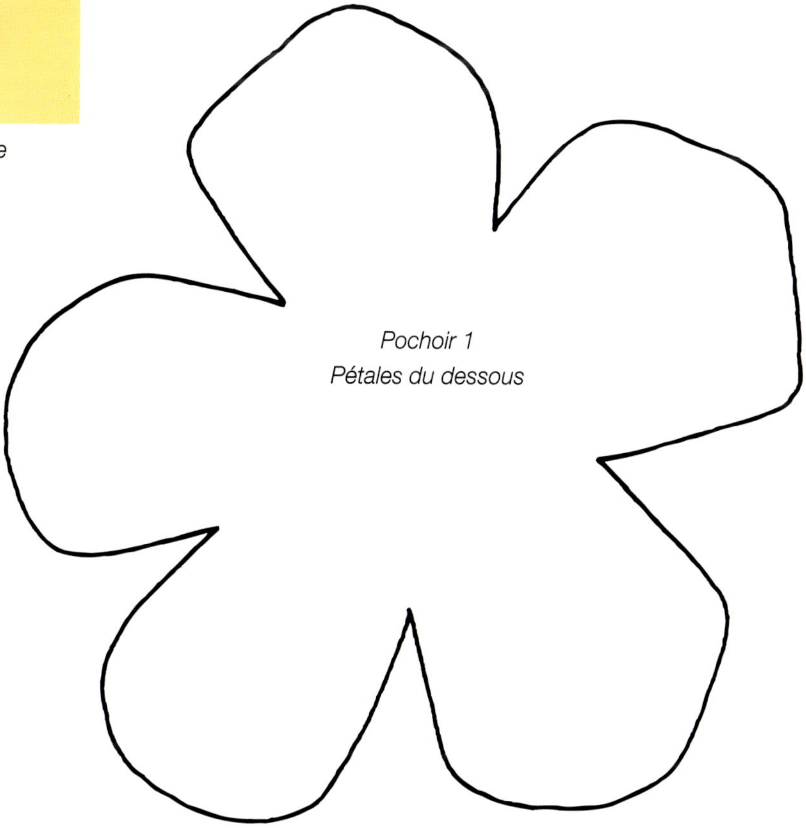

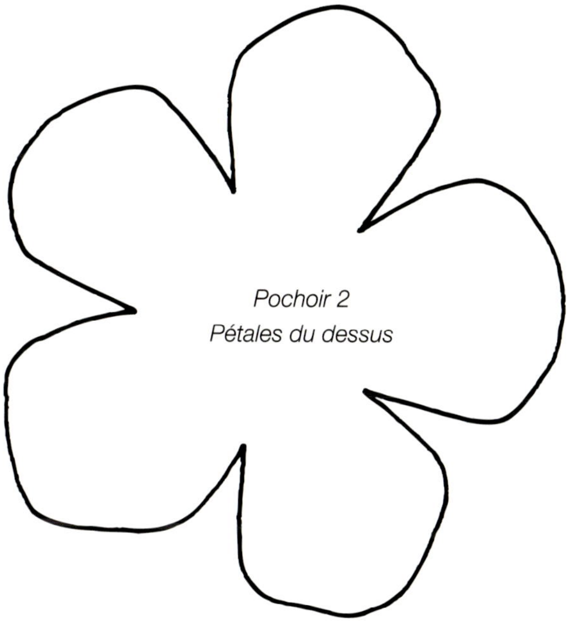

CHAISE DE STAR

chaise en bois peinte à la main

Les couleurs tropicales rehaussées de glacis colorés transparents donnent un caractère particulier à cette chaise en bois toute simple. Les couleurs sont contrastées par des points blancs sur fond noir appliqués sur les barreaux courbes des pieds et par une bordure en damier autour du siège. Des étoiles sont peintes à la main avec de la peinture or métallique sur le siège et sur la partie courbe intérieure du dossier de la chaise.

Créé par Allison Stilwell et Tracy Page Stilwell

1 - MATÉRIEL

Meuble :

- Chaise en bois

Peintures à l'acrylique pour artisanat :

- Turquoise
- Noir
- Fuchsia
- Or métallique
- Lavande
- Violet
- Blanc

Pinceaux pour artiste :

- Plats de 19 mm (3/4po), 13 mm (1/2 po), 6 mm (1/4 po)
- Petit rond

Outils et autres :

- Pinceau en mousse de 25 mm (1 po) OU 51 mm (2 po)
- Papier de verre à grain fin
- Crayon
- Chiffon à dépoussiérer
- Médium pour glacis – neutre
- Scellant mat en vaporisateur

NUANCIER

2 - PRÉPARATION ET COUCHE DE FOND

1. Préparer la chaise selon les directives de la section *Préparation des meubles pour la peinture.*
2. Donner une ou deux couches de violet sur les pieds et le dossier afin d'obtenir une couche opaque. Laisser sécher et poncer légèrement entre les couches.
3. Donner une ou deux couches de turquoise sur le siège.
4. Donner une ou deux couches de lavande sur le pourtour du siège. Laisser sécher.
5. Peindre en noir les barreaux courbes des pieds sous le siège. Laisser sécher.

3 - GLACIS

Pour mélanger les glacis, utiliser trois parts de médium pour glacis neutre et une part de peinture (photo 1). Le glacis coloré ajoutera un voile de couleur, sans masquer entièrement la couleur de base. Utiliser le pinceau pour glacis de 19 mm (3/4 po) ou le pinceau en mousse pour appliquer le glacis coloré (photo 2).

1. Mélanger le médium pour glacis neutre et le fuchsia. En badigeonner les pieds et les barreaux extérieurs du dossier de la chaise.
2. Mélanger le médium pour glacis neutre et le turquoise clair. En badigeonner les barreaux intérieurs du dossier de la chaise.
3. Mélanger le médium pour glacis neutre et la peinture or métallique. En badigeonner ici et là la partie intérieure du dossier de la chaise.

4 - PEINDRE LES DÉTAILS

1. Avec un crayon, à traits légers, dessiner des triangles autour du bord du siège. Utiliser la photo comme guide. Peindre les triangles en turquoise.
2. Avec le petit pinceau rond, peindre des points blancs sur les barreaux courbes sous le siège. Bien charger le pinceau de peinture pour chaque point.
3. Avec le pinceau de 13 mm (1/2 po), peindre une bande blanche de la largeur du pinceau sur le pourtour du siège. Laisser sécher.
4. Avec le pinceau de 6 mm (1/4 po), peindre en noir un damier de deux rangées.
5. Reproduire les motifs d'étoile sur le siège. Peindre les étoiles en or métallique. Option : peindre les étoiles à main levée.
6. Reproduire au crayon, sur le siège et sur la partie interne du dossier de la chaise, des étoiles plus petites parmi les plus grandes. Les peindre en or métallique. Option : Peindre les petites étoiles à main levée. Laisser sécher complètement.

5 - FINITION

Vaporiser d'un scellant mat.

Voir les photos et les motifs à la page 72.

Photo 1. Dans une assiette ou un bol jetable en styromousse, bien mélanger trois parts de médium pour glacis neutre et une part de peinture.

Photo 2. Utiliser le pinceau en mousse ou le pinceau pour glacis de 19 mm (3/4 po) pour appliquer le glacis sur la surface.

Gros plan du siège de la chaise

BONHEUR ET JOIE

fauteuil décoré au pochoir et au glacis

Créé pour un cadeau d'anniversaire, ce fauteuil a été peint avec des couleurs vives accentuées de glacis transparents colorés. Les lettres dessinées au pochoir sont porteuses de messages (bonheur et joie). Des symboles imprimés (un soleil et un cœur) ainsi que des spirales, des gribouillis et des étoiles personnalisent ce présent bien particulier.

Créé par Allison Stilwell et Tracy Page Stilwell

1 - MATÉRIEL

Meuble :

- Fauteuil en bois avec dossier en lames

Peintures à l'acrylique pour artisanat :

- Turquoise, 118 ml (4 oz)
- Noir
- Bleu vif
- Vert lime, 118 ml (4 oz)
- Orange, 118 ml (4 oz)
- Jaune or, 118 ml (4 oz)
- Violet, 118 ml (4 oz)
- Blanc
- Fuchsia

Pinceaux d'artiste :

- Plats de 19 mm (3/4 po), 15 mm (1/2 po), 6 mm (1/4 po)

Outils et autres :

- Papier de verre à grain fin
- Chiffon à dépoussiérer
- Apprêt
- Pinceau en mousse de 25 mm (1 po) OU 51 mm (2 po)
- Pochoir des lettres de l'alphabet – cœur de 19 mm (3/4 po), soleil de 64 mm (2 1/2 po)
- Médium à glacis – neutre
- Marqueur noir indélébile à pointe fine
- Scellant mat en vaporisateur

2 - PRÉPARATION

1. Préparer la chaise selon les directives de la section *Préparation des meubles pour la peinture.*
2. Donner une couche de fond au fauteuil, selon les directives de la section *Préparation des meubles pour la peinture*. Poncer légèrement. Essuyer la poussière de ponçage.

3 - COUCHE DE FOND

1. La couche de fond et les motifs sont effectués avec de la peinture acrylique pour artisanat qui se vend habituellement en flacon de 59 ml (2 oz). Vous aurez besoin de deux flacons pour les couleurs de fond. Appliquez autant de couches nécessaires pour obtenir une finition opaque. Laisser sécher entre les couches.
2. Peindre en violet les montants, les pieds et le tablier du siège.
3. Peindre en turquoise le siège.
4. Peindre en jaune or les traverses en haut et en bas du dossier.
5. Peindre en vert lime les lames du dossier.
6. Peindre en orange la tranche de la traverse supérieure du dossier.

4 - GLACIS

1. Lorsque vous préparez des glacis, mélangez trois parts de médium pour glacis neutre et une part de peinture. Le glacis coloré ajoutera un voile de couleur, sans masquer entièrement la peinture de base. Utilisez le pinceau pour glacis de 19 mm (3/4 po) ou un pinceau en mousse pour appliquer le glacis coloré.
2. Mélanger le médium pour glacis neutre et le fuchsia. Appliquez sur les pieds de devant et sur le tablier du siège. Voir la photo pour les couleurs.
3. Mélanger le médium pour glacis neutre et le bleu vif. En badigeonner le siège.
4. Mélangez le médium pour glacis neutre et l'orange. Appliquez sur les traverses du dossier. Laisser sécher complètement.

5 - LES DÉTAILS

1. Peindre avec le pinceau de 6 mm (1/4 po), peindre une bande blanche horizontale au bas de la traverse inférieure et en haut de la traverse supérieure du dossier. Laisser sécher.
2. Avec le même pinceau, peindre des cases noires sur la bande blanche pour simuler un damier. Laisser sécher.
3. Peindre en noir les pièces arrondies des pieds avant. Voir la photo.
4. Peindre en blanc la jonction des pieds et des montants qui soutiennent les bras. Voir la photo. Laisser sécher.
5. Avec le marqueur noir à pointe fine, ajouter des traits, des spirales, des points, des triangles et des étoiles – ou toute autre forme – aux extrémités des bras et sur la partie peinte en blanc.
6. Imprimer un soleil en jaune or sur le devant du tablier de la chaise.
7. Au pochoir, tracer en orange des mots qui vous inspirent (nous avons choisi joie et bonheur) sur les traverses du dossier.
8. Imprimer un cœur orange au-dessus du lettrage de la traverse supérieure du dossier. Laisser sécher complètement.

6 - FINITION

Vaporiser plusieurs couches de scellant mat. Laisser sécher entre les couches.

HAPPINESS
JOY
The Artful Ribbon

ROSES D'ANTAN

chaise peinte à la main

Avant de remettre en état et de décorer une de ses trouvailles, Ginger Edwards prend le temps d'étudier le meuble et de tenir compte des nombreuses idées qui lui viennent à l'esprit. La peinture blanche de cette chaise s'écaillait vraiment beaucoup, mais Ginger aimait bien l'apparence que ça conférait au meuble. Elle a donc décidé de ne pas le décaper et a plutôt opté pour un ponçage e l'ajout d'élégantes roses peintes avec des teintes douces. Vous pouvez aussi choisir une chaise en bois à peindre et appliquer un lavis blanc.

Créé par Ginger Edwards

1 - MATÉRIEL

Meuble :

- Chaise en bois avec dossier à barreaux

Peintures à l'acrylique pour artisanat :

- Chartreuse
- Crème
- Bleu foncé
- Framboise
- Bleu-vert foncé
- Jaune or
- Ivoire
- Rose
- Vert sarcelle
- Blanc

Peintures à l'acrylique pour artiste :

- Ambre brûlé
- Terre de Sienne brûlée
- Vert sève

Pinceaux pour artiste

- Plats n°s 20, 12, 10
- Filbert n° 8
- Manuscrit n° 1

Médiums à l'acrylique pour peinture :

- Médium à diluer
- Médium à mélanger

Outils et autres :

- Brosse à poils durs (pour nettoyer la chaise)
- Papier-transfert gris et crayon
- Vernis à base d'eau (à enduire a pinceau)
- Sac de papier kraft
- *Facultatif :* Scellant mat pour acrylique en vaporisateur, papier de verre

2 - PRÉPARATION

1. Utiliser la brosse à poils durs pour éliminer la peinture qui s'écaille. Poncer légèrement, au besoin.
2. Essuyer la chaise avec un linge humide. Laisser sécher.

Facultatif : Si le bois de la chaise est très vieux et poreux, vaporiser toutes les surfaces d'une légère couche de scellant mat pour acrylique. Laisser sécher.
Polir avec le sac de papier kraft froissé.

3. Reproduire le motif. L'agrandir ou le réduire avec une photocopieuse afin qu'il convienne aux dimensions de la chaise. Reproduire le motif sur la chaise en utilisant du papier-transfert gris et un crayon.

3 - EXÉCUTION DU MOTIF

Voir « Comment peindre les roses ». *Utiliser le médium à mélanger pour humecter les surfaces avant de peindre et pour faciliter le mélange lorsque vous ajouterez des couches d'ombre et de lumière.*

Roses

1. Donner une couche de fond rose. Charger un côté du pinceau de peinture ivoire pour peindre les bords externes des pétales.
2. Ombrer avec la peinture framboise. Accentuer l'ombre avec la peinture framboise additionnée d'une touche de bleu-vert.
3. Éclairer avec du blanc additionné d'une touche de crème.
4. Teinter l'intérieur du cœur des roses avec une touche de jaune or.
5. Dessiner le cœur des fleurs en pointillés avec de l'ambre brûlé additionné d'une petite touche de framboise. Diluer le mélange avec un peu d'eau pour obtenir une teinte plus douce.
6. Avec le pinceau manuscrit et le même mélange, peindre des étamines autour du cœur. Tapoter de la pointe du pinceau pour ajouter quelques gouttes de couleur autour des étamines.

Feuilles et bourgeons

1. Peindre toutes les feuilles en vert sarcelle dilué avec de l'eau afin d'obtenir une consistance transparente.
2. Ombrer les feuilles avec du vert sève. Laisser sécher et ombrer de nouveau avec du bleu-vert foncé additionné d'une touche d'ambre brûlé.
3. Éclairer les feuilles avec la peinture chartreuse.
4. Avec le pinceau manuscrit, peintre la nervure centrale des feuilles en chartreuse.
5. Peindre les nervures secondaires avec le mélange à ombrer.
6. Peindre les bourgeons en utilisant les mêmes couleurs que pour les roses et les feuilles.

Suite à la page 78

Tiges et vrilles

1. Peindre les tiges avec de l'ambre brûlé dilué. Laisser sécher.
2. Ombrer les tiges avec de l'ambre brûlé additionné d'une touche de bleu-vert foncé.
3. Éclairer avec de l'ivoire additionné d'une touche de terre de Sienne brûlée.
4. À l'aide du pinceau manuscrit et de l'ambre brûlé additionné d'une touche de framboise, peindre quelques vrilles sur les tiges. Diluer la peinture pour obtenir une consistance semi-transparente.
5. Peindre les vrilles en vert sève additionné d'une touche de bleu foncé.

Grappes de fleurs

1. Après avoir terminé les roses, les tiges et les feuilles, ajouter quelques grappes de fleurs pour rehausser le motif. Donnez-leur un aspect doux et flou afin qu'elles ne prennent pas de l'importance sur les roses. Terminez chaque grappe de fleurs avant d'en entreprendre une autre.
2. Peindre en bleu foncé, préalablement dilué en une consistance transparente l'endroit où vous comptez peindre les fleurs. Voir les directives, fig. 2. Peindre en dégradé de sorte que les extrémités soient moins foncées.
3. Utiliser le pinceau filbert pour peindre les pétales des fleurs en blanc avec une touche de bleu-violet foncé. Pour les plus grosses fleurs, ajouter un peu de blanc au mélange. Laisser sécher.
4. Ajouter des points crème au cœur de quelques fleurs.

4 - FINITION

1. Ajouter des couleurs délavées du motif à d'autres parties de la chaise, telles qu'aux pieds façonnés ou aux barreaux du dossier. Nous avons appliqué du vert sarcelle à certains endroits, et du framboise foncé à d'autres. Utiliser la photo du projet comme guide et l'adapter à la chaise. Laisser sécher.
2. Sceller en appliquant au pinceau plusieurs couches de vernis à base d'eau.

Comment peindre les roses

Fiche de travail

Fig. 1 : La rose est peinte d'une même couleur, et les pétales extérieurs sont délimités. Derrière le cœur se trouvent plusieurs couches de pétales. L'ajout à la peinture d'une touche de médium pour mélange à l'acrylique permet à la peinture de sécher moins rapidement, ce qui vous laisse plus de temps pour vos mélanges de couleur. Laissez sécher la peinture avant de poursuivre.

Fig. 2 : Le devant de la coupe et les pétales additionnels ont été peints près des pétales extérieurs. La peinture est mélangée de sorte qu'il n'y a pas de bords hachurés à l'intérieur de la rose. Sur l'illustration, vous pouvez aussi voir la première couche d'ombre sur les feuilles et le bouton, ainsi que le fond peint pour recevoir les branches en fleurs.

Fig. 3 : Les quelques pétales qui complètent la rose sont dessinés entre les pétales extérieurs et le devant de la coupe. L'ombre et l'éclairage sont terminés. Les feuilles sont ombrées et on a ajouté de la lumière, de la couleur et des nervures. Les tiges sont ombrées. Les pétales des fleurs sont lissés et les points de couleur indiquent leur centre.

Agrandissez le motif à 135 % à la photocopieuse.
Consultez la photo pour l'emplacement.

1
2
3

Motif pour peindre les roses d'antan

Agrandissez le motif à 135 % à la photocopieuse et adaptez le motif aux dimensions de la chaise.

Gros plan du siège de la chaise

FOUGÈRES

table et chaises

Une combinaison de vert vif et de blanc et un motif au pochoir disposé au hasard donnent une apparence particulière à cette table ronde à piètement central et aux quatre chaises. Le dessus craquelé de la table est parsemé de frondes de fougères peintes au pochoir dans des teintes de vert et de brun doré. Les mêmes motifs et couleurs ont été utilisés sur un tissu blanc pour créer, sur le siège rembourré, un imprimé coordonné.

Créé par Kathi Malarchuk

1 - MATÉRIEL

Meubles :

- Table ronde en bois de 121,9 cm (48 po) de diamètre
- Chaises avec dossier à traverses et siège rembourré

Peintures murales au latex, finition coquille d'œuf :

- Blanc
- Vert foncé

Peintures en gel à pocher :

- Vert foncé
- Vert clair
- Vert moyen
- Brun roux

Outils et autres :

- Médium à craqueler
- Pochoir prédécoupé – fronde de fougère
- Brosses à pocher
- Palette
- Pinceaux
- Vernis à base d'eau
- Papier de verre à grain fin et extra fin
- Chiffon à dépoussiérer
- Tissu blanc (suffisamment pour couvrir le siège des chaises)

Suite des directives à la page 84

2 - PRÉPARATION ET COUCHE DE FOND

1. Préparer la table et les chaises selon les directives de la section *Préparation des meubles pour la peinture*.
2. Donner une couche de fond vert foncé à la table et aux chaises. Laisser sécher. Poncer légèrement avec le papier de verre à grain fin. Essuyer la poussière. Appliquer une deuxième couche de vert foncé. Laisser sécher complètement.
3. Laver et faire sécher le tissu pour les chaises selon les directives du manufacturier. Repasser.

3 - CRAQUELER LE DESSUS DE LA TABLE

1. Appliquer le médium à craqueler sur le dessus de la table, selon les directives du manufacturier. Laisser sécher selon les directives.
2. Tout en suivant les directives du manufacturier pour le médium à craqueler, peindre le dessus de la table en blanc. Les craquelures se formeront lorsque la peinture commencera à sécher. Laisser sécher.

4 - MOTIFS AU POCHOIR

Sur le dessus de la table

Peindre au pochoir les frondes de fougères sur le dessus craquelé de la table. Disperser les frondes au hasard. Utiliser toutes les couleurs de gels à pocher, en les mélangeant et en les diluant pour plus de variété. Laisser reposer pendant 48 heures.

Sur le tissu

1. Placer un morceau de papier de verre à grain fin sous le tissu blanc pour l'empêcher de glisser. Dessiner au pochoir des frondes de fougères avec les gels à pocher, en les disposant au hasard comme pour le dessus de la table. Laisser sécher pendant 24 heures.
2. Fixer à chaud avec un fer sec et un chiffon.

5 - FINITION

1. Sceller la table et les chaises d'un vernis à base d'eau. Appliquer plusieurs couches sur le dessus de la table pour le protéger. Laisser sécher entre les couches.
2. Couvrir le siège des chaises avec le tissu imprimé au pochoir.

Gros plan du dessus de la table

VERGER ENSOLEILLÉ

armoire rayée, décorée à l'applicateur en mousse en forme de fruit

Cette armoire est ornée de bandes peintes, d'un soleil peint sur l'arc en haut de la porte qui, elle, est garnie de fruits imprimés. Un texte autour de la porte est source d'inspiration : Que le soleil dans son silence m'envoie sa lumière, qu'il m'envoie toute la richesse automnale de nos récoltes dans nos vergers.

Créé par Kathi Malarchuk

1 - MATÉRIEL

Meuble :

- Armoire en bois avec partie supérieure arrondie

Peintures murales au latex, finition coquille d'œuf :

- Écru
- Blanc

Peintures à l'acrylique intérieur/extérieur :

Achetées en bouteille de 236 ml (8 oz)

- Rouge cerise
- Olive
- Turquoise clair
- Pourpre
- Rouge
- Jaune

Pinceaux pour artiste :

- Plats nos 8, 10
- Ronds nos 6, 10
- Manuscrit no 10

Outils et autres :

- Applicateurs en mousse en forme de soleil, poires, raisins, cerises, pommes
- Feuilles d'acétate
- Stylet
- Marqueur noir indélébile à pointe fine
- Marqueur noir indélébile à pointe moyenne
- Ruban-cache
- Mètre-ruban
- Craie tailleur
- Pinceaux en mousse
- Vernis à base d'eau
- Règle

2 - PRÉPARATION ET COUCHE DE FOND

1. Enlever la porte, les charnières et la poignée. Préparer l'armoire selon les directives de la section *Préparation des meubles pour la peinture*.
2. Donner deux couches de peinture murale écrue sur l'armoire, pas sur la porte. Laisser sécher et poncer entre les couches.
3. Donner deux couches de blanc à la porte.
4. Peindre la poignée avec la peinture à l'acrylique pour artisanat rouge cerise.
5. Vaporiser les charnières et les vis de scellant mat. Peindre les charnières et les têtes des vis en écru.

3 - PEINDRE LES RAYURES

1. À l'aide d'une règle et d'un crayon, tracer des bandes verticales de 51 mm (2 po) de large sur les côtés et le devant de l'armoire. Appliquer du ruban-cache à l'extérieur de chacune des bandes à peindre. Masquer et peindre une bande à la fois. Laisser la peinture sécher avant d'enlever le ruban-cache et de préparer l'autre rayure.
2. Peindre les bandes sur les côtés, en travaillant de l'arrière vers l'avant et en alternant les couleurs. Laisser la première bande écru (la couleur de fond), puis peindre les autres bandes en pourpre, en turquoise clair, en cerise. Répéter ces couleurs dans l'ordre.
3. Peindre deux séries de bandes sur le devant tel que sur l'illustration, avec les peintures cerise et pourpre, laissant au milieu une bande écru, de la couleur de fond. Peindre le reste du devant, sauf la partie arrondie, avec la peinture turquoise clair. Laisser sécher. Enlever tout le ruban-cache.

4 - PEINDRE LA PORTE

1. Avec le ruban-cache, délimiter une bande de 69 mm (2 3/4 po) de large sur l'armoire, autour de la porte. Peindre cette bande en blanc. Laisser sécher. Enlever le ruban-cache.
2. Tracer le motif d'un damier sur des feuilles d'acétate. Découper le motif avec un stylet.
3. Placer le pochoir sur la porte. Peindre les cases en écru.

5 - IMPRIMER

1. Les motifs de fruits sont imprimés au hasard sur la porte. Charger les applicateurs de peinture avec les pinceaux en mousse, en utilisant la peinture olive pour les feuilles et les tiges, et les couleurs suivantes :
   - Les pommes – rouge cerise, les fleurs de pommiers – jaune ;
   - Les poires – jaune, les fleurs de poiriers – cerise ;
   - Les raisins – pourpre ;
   - Les cerises – cerise, les fleurs de cerisiers – jaune.

Suite à la page 88

give me the splendid silent sun with all his
beams full dazzling
give me juicy autumnal fruit ripe and red from
the orchard

2. Imprimer un soleil en jaune dans le coin supérieur de la bordure blanche de l'armoire, en se basant sur la photo. Faire déborder l'applicateur du bord de l'armoire. Voir la photo.
3. Imprimer le soleil en jaune au hasard sur les côtés de l'armoire, en se basant sur la photo.

6 - PEINDRE LE HAUT DE L'ARMOIRE

1. Décalquer le motif du soleil qui se lève et le reproduire sur la partie courbe en haut de l'armoire.
2. Peindre le fond en blanc.
3. Peindre la partie intérieure du soleil en jaune.
4. Peindre le milieu du soleil et les rayons en rouge.
5. Peindre les formes en pourpre.
6. Ajouter des points en cerise.
7. Peindre le dessus de la partie courbe en pourpre. Laisser sécher.

7 - LETTRAGE ET CONTOUR

1. Tracer le motif pour les lettres et le reproduire sur la bordure blanche autour de la porte.
2. Avec un marqueur noir, tracer la bordure noire de la porte et le contour du soleil en haut de l'armoire. Utiliser une règle pour faire les lignes bien droites.
3. Tracer le contour des soleils imprimés sur les côtés de l'armoire. Bien laisser sécher.

Agrandir à 400 % les motifs pour le lettrage à la photocopieuse ou s'en servir comme guide pour écrire le texte à main levée.

Gros plan de la porte de l'armoire

Donne-moi le soleil splendide

avec tous ses rayons resplendissants

Donne-moi les fruits rouge

et juteux de l'automne

Motifs pour l'armoire

Agrandissez à 110 % à la photocopieuse.

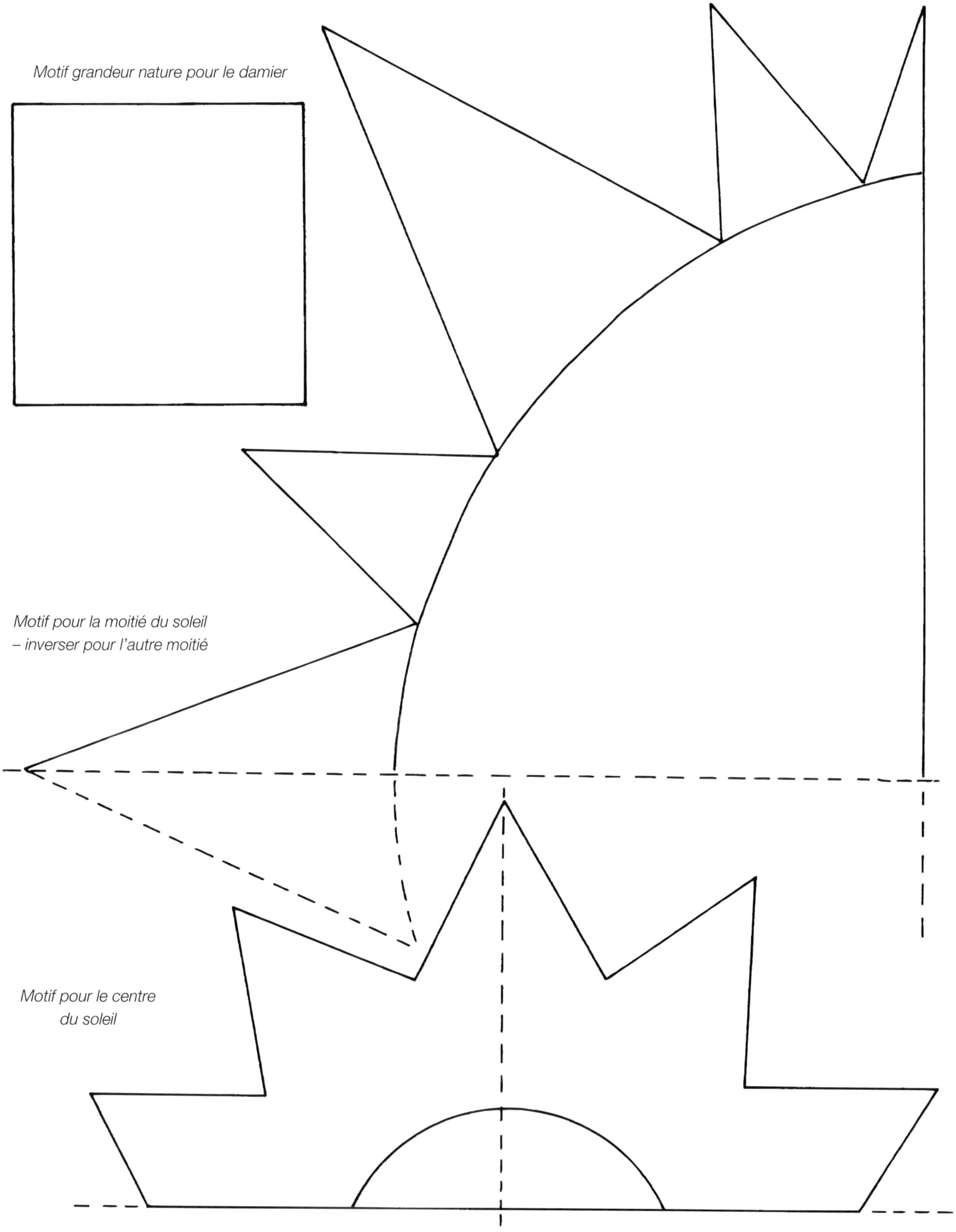

POINTS ET LIGNES

fauteuil en bois facile à peindre

Un fauteuil de capitaine peint avec des couleurs vives se transforme en un meuble amusant. Comme la plupart de ces fauteuils sont pourvus de nombreux détails, la photo vous servira de guide pour le peindre et pour adapter les motifs et les directives.

Créé par Allison Stilwell et Tracy Page Stilwell

1 - MATÉRIEL

Meuble :

- Fauteuil de capitaine en bois

Peinture murale au latex, finition coquille d'œuf :

- Crème

Peintures à l'acrylique pour artisanat :

- Noir
- Jaune
- Vert
- Rose vif
- Vert clair
- Turquoise clair
- Rose clair
- Pervenche
- Turquoise
- Blanc
- Violet

Pinceaux pour artiste :

- Plats de 13 mm (1/2 po), 19 mm (3/4 po)
- Rond n° 1
- Manuscrit n° 1

Outils et autres :

- Pinceau en mousse de 25 mm (1 po) ou de 51 mm (2 po)
- Papier de verre à grain fin
- Chiffon à dépoussiérer
- Scellant mat en vaporisateur

2 - PRÉPARATION ET COUCHE DE FOND

1. Préparer le fauteuil selon les directives de la section *Préparation des meubles pour la peinture*.
2. Avec le pinceau en mousse, donner une couche de fond en latex crème. Laisser sécher. Poncer. Essuyer la poussière.
3. Donner une deuxième couche de crème sur le siège et les barreaux extérieurs des pieds. Laisser sécher.

3 - APPLIQUER LES COULEURS

1. Peindre l'accoudoir et le barreau arrière en noir.
2. Peindre la traverse du dossier et la partie la plus grande des barreaux du dossier en rose clair.
3. Peindre les différentes parties des pieds, des barreaux du devant et des autres barreaux en jaune, rose vif, vert clair, turquoise clair, rose clair, violet et turquoise. Appliquer autant de couches qu'il le faut pour obtenir un fini opaque. Laisser sécher.

4 - DÉCORATION

Décorer les différentes parties peintes avec des bandes, des damiers, des points blancs, des vignes vertes et des fleurs pervenche. Laisser sécher complètement.

5 - FINITION

Vaporiser avec un scellant mat.

NUANCIER

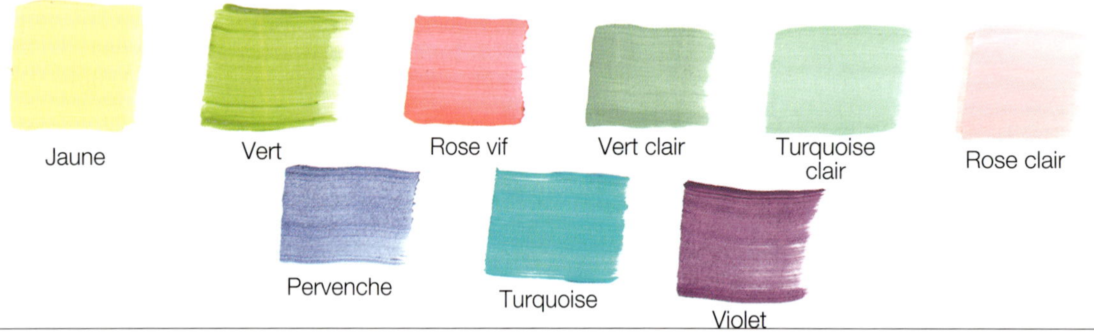

Décorer le fauteuil avec des points et des lignes

Damier : Pour peindre un damier, faire des petites lignes de couleur pervenche avec le pinceau plat de 6 mm (1/4 po) ou de 13 mm (1/2 po). Alterner la disposition des lignes peintes pour donner l'effet d'un damier.

Lignes : Avec le pinceau rond n° 1, peindre en vert clair de fines lignes verticales sur les parties jaunes du fauteuil.

Points : Avec le pinceau rond n° 1, peindre des points blancs sur les parties peintes en noir.

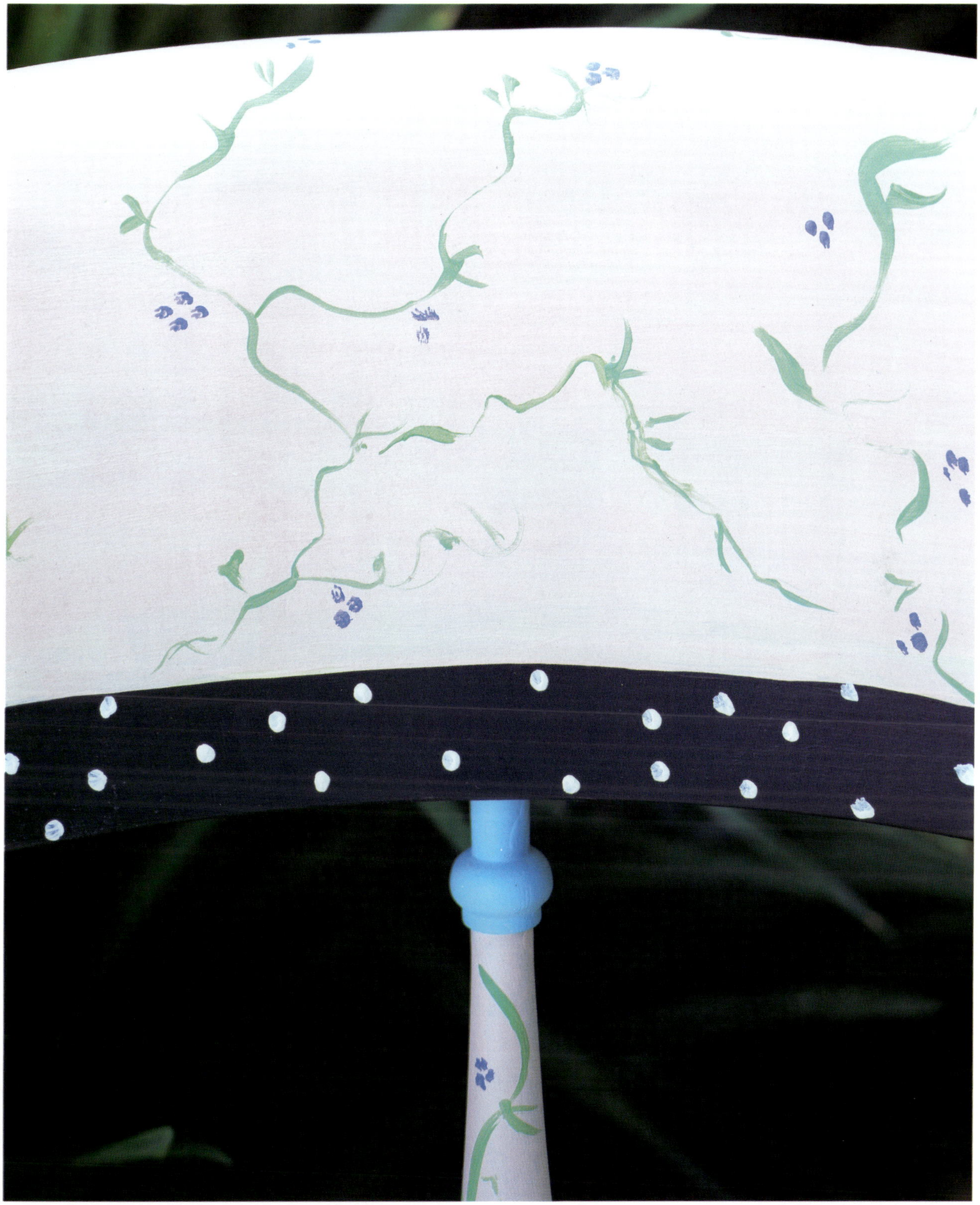

Vignes et fleurs : Peindre les vignes et les feuilles sur les parties rose clair de la chaise. Peindre les vignes avec le pinceau manuscrit n° 1. Peindre les feuilles avec le pinceau rond n° 1. Peindre en pervenche des points pour les fleurs au hasard le long des vignes avec le pinceau rond n° 1. Voir « Comment peindre les fleurs, les feuilles et les vignes ».

Échantillon du motif

MAGNOLIAS

armoire peinte à la main

Cette armoire avait un fini bois foncé. Le miroir de la porte était brisé. Plutôt que de le remplacer, Chris Stokes a installé un panneau de contreplaqué. Comme fond pour peindre les magnolias sur le panneau de la porte, Chris a utilisé de la dentelle vendue au mètre. Le motif de magnolia pourrait aussi être reproduit sur une fenêtre, sur une tête de lit ou encore sur une commode.

Créé par Chris Stokes

1 - MATÉRIEL

Meuble :

- Armoire en bois avec porte d'un côté et tiroirs de l'autre

Peinture murale au latex, finition coquille d'œuf :

- Blanc cassé

Peinture à l'acrylique pour artisanat :

- Bleu-vert foncé
- Bleu foncé
- Framboise
- Or métallique
- Gris-vert
- Jaune d'ocre
- Ivoire
- Blanc chaud

Pinceaux pour artiste :

- À glacis plat de 19 mm (3/4 po)
- Plat nº 10
- Manuscrit nº 10/0
- À angle de 10 mm (3/8 po)

Outils et autres :

- Brosses à pocher de 3 mm (1/8 po), 10 mm (3/8 po), 25 mm (1 po)
- Grosse éponge naturelle
- Rouleau de taille moyenne
- Médium à mélanger l'acrylique
- Dentelle de 152,4 cm (5 pi) de long, 45,7 cm (18 po) de large (ou pour couvrir le panneau de la porte)
- Colle pour pochoir en vaporisateur
- Papier de verre – grain 220
- Ruban-cache
- Essuie-tout
- Brosse à dents (pour moucheter)
- Peinture or en vaporisateur
- Chiffons doux
- Vernis à base d'eau

2 - PRÉPARATION ET COUCHE DE FOND

1. Retirer les fixations des tiroirs et de la porte. Préparer l'armoire selon les directives de la section *Préparation des meubles pour la peinture*.
2. Mouiller l'éponge naturelle, bien l'essorer. La charger de vernis à base d'eau et de peinture au latex blanc et passer ce mélange sur toute la surface de l'armoire. Laisser sécher.
3. Avec un rouleau, donner une couche de latex blanc. Cette technique donnera une apparence texturée et camouflera plusieurs imperfections. Laisser sécher.

3 - PEINDRE LE MOTIF SUR LE PANNEAU DE LA PORTE

1. Vaporiser de colle pour pochoir un côté de la dentelle. Coller ensuite la dentelle sur le panneau de la porte.
2. Charger la brosse à pocher de 25 mm (1 po) de peinture gris-vert. Tapoter le pinceau sur un essuie-tout. Appliquer la peinture sur la dentelle. Laisser sécher. Retirer la dentelle.

4 - PEINTURE A L'ÉPONGE

1. Tracer le contour du motif peint à l'éponge sur le devant de la commode. Agrandir ou modifier au besoin pour convenir aux dimensions du meuble. Reporter le motif sur la surface.
2. Masquer autour de cette zone. Humecter une éponge naturelle. La charger de bleu-vert sombre, de gris-vert et de médium pour mélanger. Appliquer sur le devant de la commode, en accentuant la couleur vers l'extérieur. Charger de nouveau l'éponge de peinture au besoin.
3. Masquer le contour de la surface de la commode au-dessus des tiroirs. Charger de nouveau l'éponge avec les mêmes couleurs. Peindre le dessus de l'armoire. Laisser sécher. Enlever le ruban-cache.

5 - PEINDRE LE MOTIF (*Voir* « Comment peindre les magnolias ».)

Fond

1. Charger de bleu-vert sombre, de framboise et d'ocre jaune la brosse à pocher de 25 mm (1 po). Tapoter la brosse sur une palette pour mélanger les couleurs. Appliquer légèrement sur la région où sera peint le motif de magnolias – le panneau de la porte, les coins supérieurs du tiroir du haut et les coins inférieurs du tiroir du bas. La peinture doit être légère et aérée. Laisser sécher.
2. Décalquer le motif de magnolias et le reproduire sur le panneau de la porte et le devant des tiroirs.

Feuilles

Les feuilles du dessus sont plus claires que celles du fond, donnant ainsi de la profondeur au dessin.

1. Mélanger de petites quantités de framboise, de bleu-vert foncé et d'ocre jaune avec de l'eau jusqu'à l'obtention d'une consistance semblable à celle de l'encre. Avec le

Suite à la page 96

pinceau à glacis de 19 mm (3/4 po), peindre les feuilles du fond. Laisser sécher.
2. Avec le même pinceau chargé de bleu-vert sombre et d'une touche d'ocre jaune et de framboise, peindre les feuilles en faisant zigzaguer les soies sur la surface. Éclairer avec du blanc chaud.
3. Peindre les bords arrondis des feuilles avec un pinceau chargé d'un côté de peinture framboise et d'une touche d'ocre jaune.
4. Tracer les détails des feuilles avec le gris-vert ayant la consistance de l'encre.

Fleurs et boutons de magnolias

Les fleurs de magnolias sont composées de neuf pétales sur trois niveaux. Les trois pétales du fond sont gros, les trois autres de taille moyenne et les trois pétales du dessus sont plus petits.

1. Charger le pinceau à glacis de 19 mm (3/4 po) de blanc chaud et de gris-vert. En faisant zigzaguer les soies, peindre les trois pétales du dessous.
2. Charger un côté du pinceau plat nº 10 de peinture ivoire et peindre les bords arrondis des pétales.
3. Peindre la deuxième série de pétales de la même couleur, en ajoutant un peu de framboise et d'ocre jaune sur le pinceau.
4. Recommencer pour la troisième série de pétales (ceux du dessus).
5. Charger l'angle court du pinceau de 10 mm (3/8 po) de bleu-vert foncé et de framboise. Charger l'angle long du pinceau d'ocre jaune. Peindre le cœur des fleurs.
6. Avec le pinceau manuscrit, tirer des traits fins avec le blanc chaud et le jaune d'ocre.
7. Ombrer le centre avec du gris-vert dilué.

Raisins et vrilles

Voici la technique rapide et facile qu'utilise Chris pour peindre les raisins. Elle prend une brosse à pocher de 6 mm (1/8 po) pour les petits raisins et une brosse à pocher de 19 mm (3/8 po) pour les gros raisins.

1. Charger le pinceau d'une moitié framboise sombre et d'une moitié ocre jaune additionnées d'une touche de blanc chaud. Tapoter pour mêler les couleurs. Déposer le pinceau à plat sur la surface à peindre et le tourner sur lui-même en maintenant une teinte plus pâle sur la gauche. Vous obtenez une couleur de raisin rouge.
2. Pour une autre couleur de raisin, charger le pinceau de bleu foncé et de blanc chaud additionnés d'une touche de framboise. Utiliser la même technique. Faire une grappe de raisins de différentes couleurs.
3. Peindre les tiges et les vrilles avec le pinceau manuscrit chargé d'un mélange de bleu-vert foncé, de framboise et d'ocre jaune ayant la consistance de l'encre. Laisser sécher.

6 - PEINDRE LES DÉTAILS

Poignées des tiroirs

1. Peindre les poignées en bois des tiroirs en bleu-vert foncé. Laisser sécher.
2. Vaporiser de peinture dorée. Laisser sécher.
3. Installer les poignées sur les tiroirs.

Haut et bas de l'armoire

1. Humecter le haut de l'armoire. Peindre en bleu-vert foncé. Pendant que la peinture est encore mouillée, essuyer avec un chiffon pour enlever le plus de peinture possible. (La peinture s'incrustera dans les fentes.)
2. Recommencer pour la bordure du bas. Laisser sécher.

7 - FINITION

1. Moucheter tout le meuble de peinture métallique dorée à consistance d'encre. Laisser sécher.
2. Réinstaller les fixations de la porte.
3. Appliquer deux ou trois couches de vernis à base d'eau. Laisser sécher entre les couches.

Comment peindre les magnolias

Fiche de travail

Fig. 1 – Fond des fleurs et des feuilles : les sections où seront peints les motifs de magnolias sont légèrement enduites de peinture bleu-vert foncé, framboise foncé et or moisson. Le fond des feuilles est peint avec un mélange à consistance d'encre de framboise, bleu-vert foncé et or moisson.

Fig. 2 – Les pétales du fond : les plus gros pétales, ceux du fond, sont peints en blanc chaud et gris-vert. Les extrémités arrondies sont peintes avec un pinceau chargé d'un côté de peinture ivoire.

2 a : l'extrémité arrondie d'un pétale.

2 b : pétale avant l'extrémité arrondie.

Fig. 3 – Deuxième couche de pétales : les mêmes couleurs (blanc chaud et gris-vert avec une touche de framboise foncé) sont utilisées pour peindre la deuxième couche de pétales.

Fig. 4 – La troisième couche de pétales : les pétales du dessus, la troisième couche, sont de la même couleur que les pétales de la deuxième couche, mais en plus petit.

Fig. 5 – Le cœur des fleurs : les cœurs sont réalisés à l'aide d'un pinceau à angle de 10 mm (3/8 po) chargé du côté court de bleu-vert foncé et de framboise foncé et, du côté long, d'or moisson. Des traits fins sont tracés à l'aide du pinceau manuscrit. Les centres sont ombrés avec du gris-vert dilué.

Fig. 6 – Les feuilles qui accompagnent les fleurs : les feuilles sont réalisées avec du vert-bleu foncé additionné d'une touche d'or moisson et de framboise foncé. Les bords arrondis des feuilles sont peints en framboise foncé additionné d'une touche d'or moisson.

Fig. 7 – Les raisins : une brosse à pocher chargée de framboise foncé et d'or moisson additionnés d'une touche de blanc chaud est appliquée sur la surface avec une teinte plus claire sur la gauche, puis tournée sur elle-même pour peindre les raisins. La brosse est ensuite chargée de bleu-violet foncé et on répète le processus. Les tiges et les vrilles sont peintes avec un pinceau manuscrit et des mélanges à consistance d'encre de bleu-vert foncé, de framboise foncé et d'or moisson.

Voir les motifs et la photo du gros plan aux pages 98 et 99.

1
2
2a
2b
5
3
4
7
6
Chris Stokl

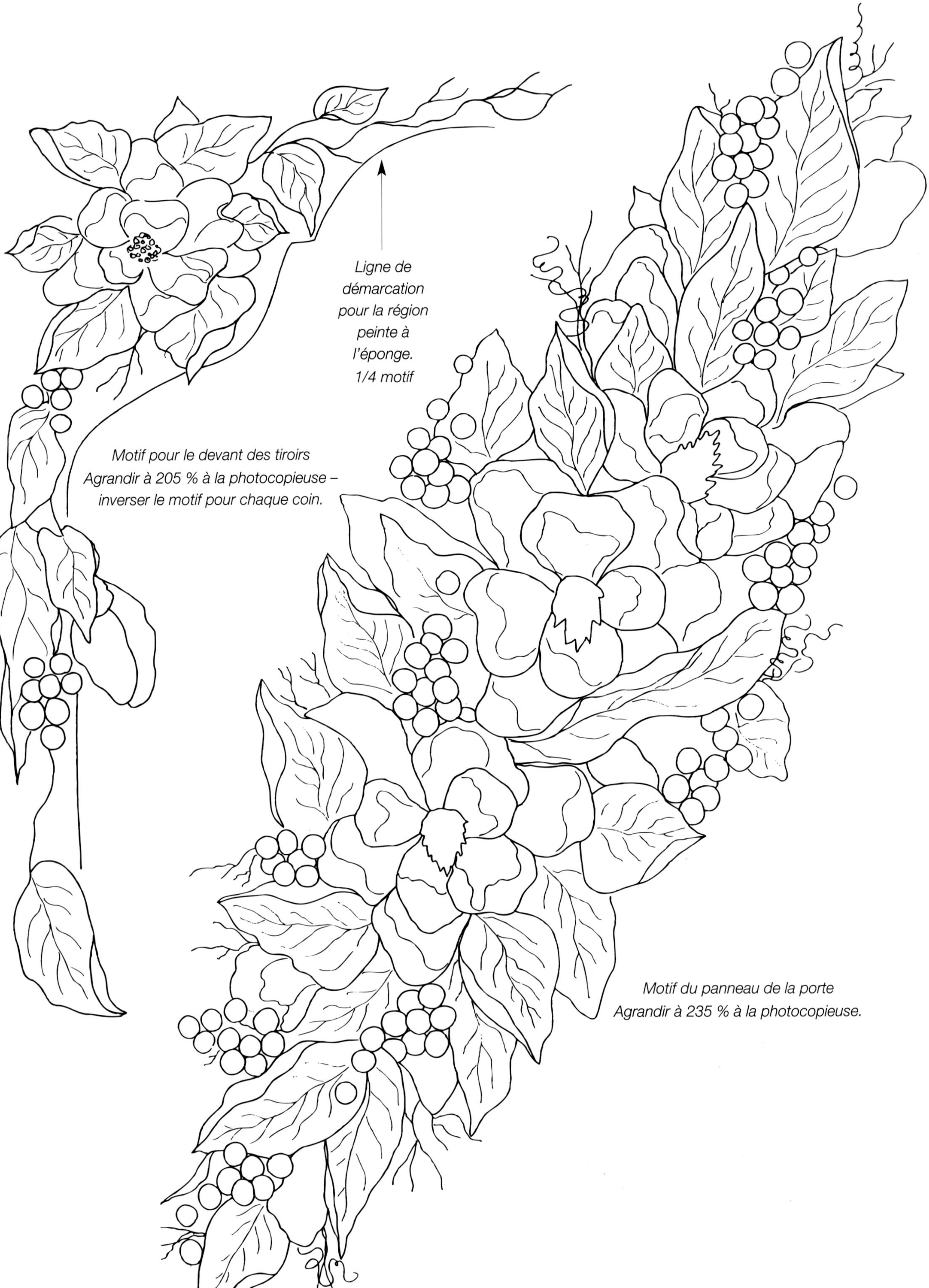

Motif pour le devant des tiroirs
Agrandir à 205 % à la photocopieuse –
inverser le motif pour chaque coin.

Motif du panneau de la porte
Agrandir à 235 % à la photocopieuse.

Gros plan du panneau de la porte

FRAISES ET DAMIERS

table et chaises peintes à la main

Une nappe vichy bordée de fraises, amusante et colorée, est peinte sur cette table à battants ancienne. Des fraises sont peintes sur les coussins en dentelle des chaises. Chris Stokes s'est inspirée des fraises qu'elle voyait pousser chez elle pour créer ce motif.

Créé par Chris Stokes

1 - MATÉRIEL

Meubles:

- Table à battants en bois
- Chaises en bois

Peinture murale au latex, finition coquille d'œuf:

- Blanc cassé

Peintures à l'acrylique pour artisanat:

- Bourgogne
- Ambre brûlé
- Jaune or
- Ocre jaune
- Beige chaud
- Blanc chaud
- Cerise
- Vert foncé
- Gris-vert
- Beige clair
- Rouge vif

Pinceaux pour artiste:

- Plat nº 10
- À glacis de 19 mm (3/4 po)
- Manuscrit
- Rond nº 3

Outils et autres:

- Brosses à pocher de 25 mm (1 po), 16 mm (5/8 po), 10 mm (3/8 po)
- Pinceau en mousse de 76 mm (3 po)
- Brosse à dents (pour éclabousser)
- Ruban-cache de 19 mm (3/4 po)
- Papier de verre à grain fin
- Essuie-tout
- Polyuréthane en vaporisateur – finition satinée
- Polyuréthane – finition satinée

Suite à la page 102

Table – avant

2 - PRÉPARATION ET COUCHE DE FOND

1. Préparer la table et les chaises selon les directives de la section *Préparation des meubles pour la peinture*.
2. Donner une couche de fond blanc cassé sur la table et les chaises, en utilisant le pinceau en mousse de 76 mm (3 po). Laisser sécher.
3. Avec le ruban-cache, délimiter l'emplacement de la nappe sur la table et des coussins sur les chaises. Avec la brosse à pocher de 25 mm (1 po), badigeonner ces endroits de blanc chaud. Bien laisser sécher.

3 - PEINDRE LA NAPPE, LE DAMIER ET LA BORDURE

1. Avec du ruban-cache, délimiter une bordure de 51 mm (2 po) tout autour de la nappe.
2. Avec le ruban-cache, faire des bandes dans une direction. Peindre en rouge vif additionné d'une touche de cerise avec la brosse à pocher de 25 mm (1 po). Essuyer le pinceau sur un essuie-tout pour en éliminer le surplus de peinture. Laisser sécher complètement. Enlever le ruban-cache.
3. Avec le ruban-cache, faire des bandes dans la direction opposée pour obtenir un damier. Peindre en rouge vif additionné d'une touche de rouge cerise avec la brosse à pocher de 25 mm (1 po). Laisser sécher. Enlever le ruban-cache.
4. Diluer la peinture bourgogne avec de l'eau jusqu'à ce que le mélange ait la consistance de l'encre. Avec le pinceau à glacis de 19 mm (3/4 po), donner un coup aux endroits où les bandes se chevauchent.
5. Peindre quatre points en blanc chaud sur la partie du damier la plus claire, pour les fleurs. Voir la photo.
6. Avec le vert foncé à consistance d'encre, peindre une fine bande pour délimiter la région du damier.

4 - PEINDRE LE MOTIF DE FRAISES

Vrilles et feuilles en arrière-plan

1. Avec le pinceau rond de 76 mm (3 po), peindre les vrilles avec du vert foncé additionné d'une touche de brun foncé et dilué pour obtenir une consistance d'encre.
2. Avec le pinceau plat nº 10, peindre les feuilles en arrière-plan avec du vert foncé additionné d'une touche de rouge vif et dilué pour obtenir une consistance d'encre. (Une fois les fraises peintes, d'autres feuilles seront ajoutées.)

Baies

Les baies sont peintes à l'aide de la brosse à pocher de 16 mm (5/8 po), avec des pinceaux chargés de divers mélanges de deux couleurs : ocre jaune et bourgogne, rouge vif et jaune or, cerise et bourgogne. La technique est la même pour chaque baie.

1. Charger deux fois le pinceau. Le tapoter sur une palette pour mélanger les couleurs. Poser le pinceau sur la surface et le tourner sur lui-même pour obtenir une baie.
2. Ombrer avec du bourgogne.
3. Peindre les graines avec de l'ambre brûlé additionné d'une touche de bourgogne et dilué pour obtenir une consistance d'encre. Éclairer avec du blanc chaud et un peu de jaune or.
4. Gros plan du siège de la chaise

Feuilles de premier plan

1. Charger deux fois le pinceau plat nº 10 avec du bleu-vert foncé additionné d'une touche de bourgogne. Peindre les feuilles. Ajouter une touche de jaune d'ocre et de blanc chaud pour plus de réalisme.
2. Peindre les nervures en gris-vert dilué pour obtenir une consistance d'encre.

Fleurs et vrilles

1. Charger deux fois la brosse à pocher de 10 mm (3/8 po) d'ocre jaune et de vert foncé. En tapoter le centre des fleurs. Ajouter une touche de blanc chaud pour éclairer.
2. Charger deux fois le pinceau plat nº 10 de blanc chaud et d'ocre jaune additionnés d'une touche de rouge vif. Peindre les pétales.
3. Peindre les vrilles avec le pinceau manuscrit chargé d'ambre brûlé additionné d'une touche de vert foncé dilué pour obtenir une consistance d'encre.

Gros plan du siège de la chaise

5 - DÉTAILS

1. Ombrer les contours de la nappe et des coussins avec du beige chaud, en utilisant le pinceau à glacis de 19 mm (3/4 po). Laisser sécher.
2. Peindre les bordures de dentelle en blanc chaud autour de la nappe et des coussins avec des mouvements de virgule.
3. Avec le pinceau manuscrit, dessiner des mailles avec la teinte cerise autour de la bordure de la nappe.

6 - FINITION

1. Peindre des parties des pieds de la table et des chaises avec un mélange de beige chaud additionné d'un peu de beige clair dilué pour obtenir une consistance d'encre. Utiliser le même mélange de couleurs pour peindre la traverse des dossiers des chaises.
2. Peindre des bandes horizontales sur les pieds en rouge vif et en vert foncé dilués pour obtenir une consistance d'encre. Laisser sécher complètement.
3. Au pinceau, appliquer plusieurs couches de polyuréthane sur la nappe et sur le siège des chaises. Laisser sécher entre les couches.
4. Vaporiser de polyuréthane les barreaux des chaises. Utiliser le même produit que pour la nappe et le siège des chaises.

Motifs

Motif du coussin des sièges
Agrandir à 170 % à la photocopieuse.

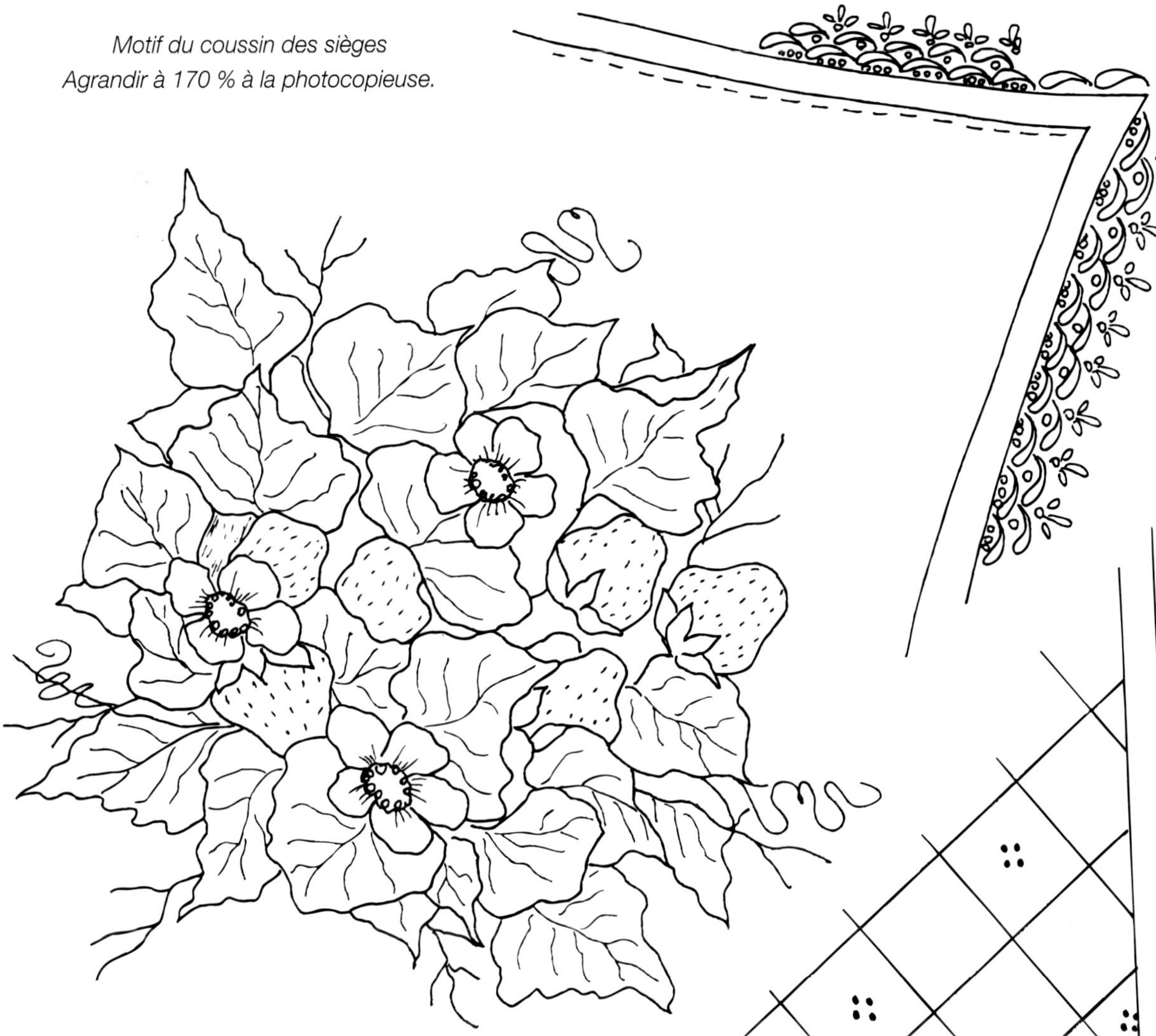

Motif de la nappe
Agrandir à 170 % à la photocopieuse.

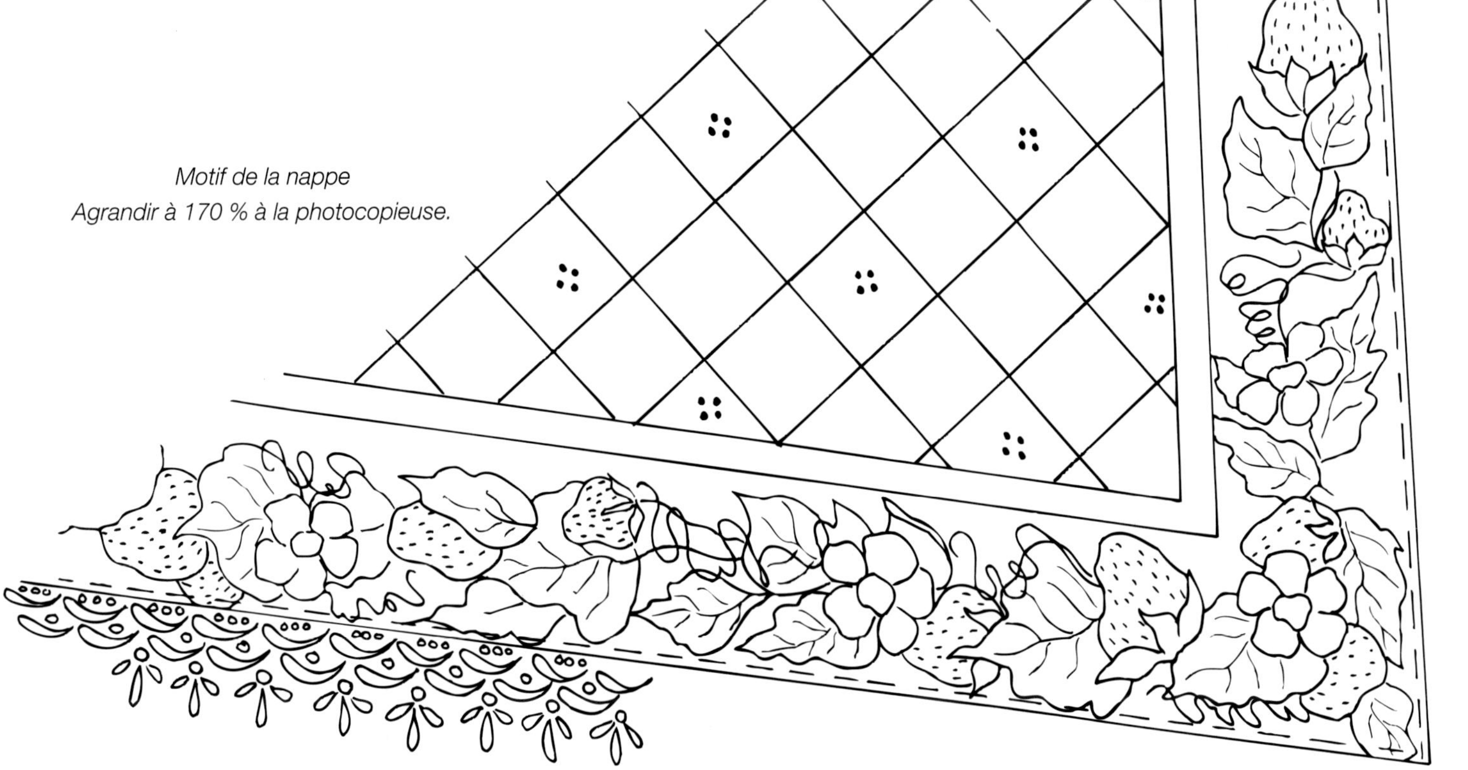

MYOSOTIS

surface d'une table de travail

Ginger Edwards s'est inspirée d'un motif qu'elle a vu dans un livre pour réaliser cette table peinte. Tout autour, elle a transcrit quelques strophes d'un poème qu'elle aimait bien. Ginger a songé qu'il n'y avait pas de meilleur moyen, pour rester en contact avec des amis lointains, que de leur écrire d'une table de travail joliment décorée.

Créé par Ginger Edwards

1 - MATÉRIEL

Meuble :

- Bureau en bois avec surface inclinable en faux cuir

Peinture murale au latex, finition coquille d'œuf :

- Bleu-gris clair

Peintures à l'acrylique pour artisanat :

- Bleu-gris
- Crème
- Bleu-vert foncé
- Bleu foncé
- Vert foncé
- Jaune or
- Beige clair
- Jaune clair
- Pervenche
- Blanc chaud
- Blanc

Peintures à l'acrylique pour artiste :

- Terre de Sienne brûlée
- Ambre brûlé

Autres peintures :

- Glacis coloré – sarcelle
- Médium pour glacis – neutre

Pinceaux pour artiste :

- Plats de 25 mm (1 po), nos 14, 10, 4, 1
- Filbert nos 6, 4
- Manuscrit no 6/0
- Mouilleur

Médiums pour peinture à l'acrylique :

- Médium à mélanger
- Médium à diluer

Outils et autres :

- Papier de verre à grain fin
- Chiffon à dépoussiérer
- Apprêt blanc en vaporisateur
- Papier-transfert et crayon
- Chiffons doux (pour essuyer le glacis)
- Outil pour faux cuir ou chamois et ficelle (voir la note ci-dessous)
- Ruban-cache
- Crayon à mine molle
- Marqueur brun indélébile à pointe fine
- Vernis à base d'eau

Note : Vous pouvez fabriquer un outil pour faux cuir avec deux carrés de chamois de 15,2 cm (6 po). Superposez-les, puis rassemblez-les au centre pour former une tente. Nouez la ficelle serrée autour du sommet de la tente. Le motif du cuir est créé en appuyant l'outil sur le glacis mouillé.

Bureau – avant

Suite à la page 106

Friendship above all ties does bind the heart; and
part. If thou require a soothing friend,
Forget me not, forget me not

2 - PRÉPARATION ET COUCHE DE FOND

1. Préparer le bureau selon les directives de la section *Préparation des meubles pour la peinture.*
2. Masquer les charnières pour les protéger. Vaporiser le meuble d'une couche d'apprêt blanc. Laisser sécher. Poncer légèrement. Essuyer avec un chiffon à dépoussiérer.
3. Donner une couche de fond avec la peinture bleu-gris pâle. Donner une deuxième couche pour obtenir une surface lisse et opaque. Laisser sécher entre les couches.

3 - GLACIS

1. Mélanger une part de glacis coloré en pervenche contre deux parts de médium pour glacis neutre. Badigeonner une petite région du bureau, telle qu'une pied ou un côté du tablier. Pendant que le glacis est encore mouillé, l'essuyer presque entièrement avec un linge doux. Le glacis s'incrustera dans les fentes et les creux.
   - Travailler par petites surfaces empêche le glacis de sécher trop rapidement.
   - Utiliser le pinceau mouilleur pour le mélange final.
2. Mouiller l'outil pour faux cuir avec de l'eau et bien l'essorer. Badigeonner une couche de mélange à glacis sur la surface à peindre. Appliquer l'outil pour faux cuir contre le glacis encore mouillé pour créer un motif. Rincer l'outil de temps à autre sous l'eau pour éliminer le surplus de glacis. Laisser bien sécher le glacis.
3. Diluer une petite quantité de glacis pervenche avec de l'eau. En éclabousser la surface du bureau, sauf la partie en faux cuir. Laisser sécher.

4 - LE MOTIF FLORAL

Les fleurs et les feuilles sont le plus facilement peintes en donnant une couche de base aux divers éléments plutôt qu'en ombrant chacun d'eux, puis en les éclairant. Humecter légèrement la surface avec le médium à mélanger ou avec de l'eau facilitera l'application et le mélange des peintures. Pour des illustrations étape par étape, voir « Comment peindre les marguerites et les myosotis ».

1. Décalquer le motif des marguerites et le reproduire.
2. Donner une couche de fond pour les éléments suivants :
   Les feuilles – beige clair ;
   Les pétales des marguerites – bleu-gris dilué avec de l'eau pour obtenir une consistance transparente ;
   Le cœur des marguerites – jaune or ;
   Les myosotis – pervenche dilué avec de l'eau pour obtenir une consistance transparente.
3. Peindre les tiges en vert foncé additionné d'une touche de bleu-vert foncé. Laisser sécher.
4. Ajouter une touche de blanc chaud transparent sur les pétales des marguerites. Ajouter une touche de pervenche additionné d'un peu de blanc sur les myosotis.
5. Ombrer les éléments du motif :
   Les feuilles – vert foncé ;
   Les pétales des myosotis – pervenche ;
   Le cœur des marguerites – terre de Sienne brûlée ;
   Les pétales des marguerites – ambre brûlé additionné d'une touche de bleu-vert foncé. Remarquez que le côté et le dos des pétales sont ombrés près du centre, tandis que les pointes des pétales du dessus sont ombrées.
6. Accentuer l'ombrage :
   Les feuilles – bleu-vert foncé additionné d'une touche de bleu foncé ;
   Le cœur des marguerites – terre de Sienne brûlée additionné d'ambre brûlé ;
   Les pétales des myosotis – bleu foncé.
7. Au besoin, appliquer une deuxième couche du mélange à ombrer sur les pétales des marguerites.
8. Éclaircir les éléments du motif :
   Les feuilles – crème additionné d'une touche de vert foncé (les feuilles n'auront peut-être pas besoin d'éclairage, car la lumière de la couche de fond devrait être visible) ;
   Les myosotis – pervenche additionné d'une touche de blanc ;
   Les pétales des marguerites – blanc additionné d'une touche de crème ;
   Le cœur des marguerites – jaune clair.

Suite à la page 108

Comment peindre les marguerites et les myosotis

Fiche de travail

Fig 1. Couche de fond : le fond des feuilles et des marguerites au centre est faite d'une couche de peinture opaque. Les pétales des marguerites et des myosotis sont peints avec de la peinture rendue semi-transparente avec de l'eau. Les tiges sont tracées avec de la peinture diluée. Laisser sécher la peinture une fois qu'elle est appliquée.

Fig. 2a – Premier ombrage : le côté gauche de l'illustration montre le premier ombrage sur les feuilles, la marguerite au centre et les myosotis. Les pétales des marguerites sont tracés avec de la peinture transparente, laissant voir la peinture de base.

Fig. 2b – Deuxième ombrage : le côté droit de l'illustration montre l'ombre plus sombre des feuilles. Les pétales sur le côté des marguerites sont ombrés près du centre et ceux de devant, aux extrémités extérieures.

Fig. 3 – Terminer le motif : l'ombre de la marguerite du centre, des feuilles et des myosotis est foncée. Le cœur des myosotis est peint. L'éclairage est appliqué par coups de pinceau sur les pétales des marguerites, et des grains de pollen sont peints. (Le côté gauche de l'illustration ne montre pas les grains de pollen, donc vous pouvez mieux voir les triangles sombres entre les pétales près du centre.) Les nervures sont ajoutées aux feuilles. Des points de couleur tenant lieu de boutons de myosotis sont ajoutés aux tiges. Le fond est peint sur la droite du motif.

La bordure en haut de cette fiche de travail montre un imprimé créé avec un glacis coloré et un pinceau français. La bordure sur le côté montre à quoi ressemble le glacis avec une finition imitation cuir créée avec un outil pour faux cuir.

1
2a
2b
3

5 - TERMINER LE MOTIF

1. Avec la couleur crème, peindre le cœurs des myosotis, puis ajouter une touche de terre de Sienne brûlée au centre de chacun.
2. Peindre la nervure centrale des feuilles en crème additionné d'une touche de vert foncé. Peindre les nervures secondaires en bleu-vert foncé additionné d'une touche d'ambre brûlé.
3. Ajouter une touche de jaune or autour du cœur des marguerites, puis des touches plus claires de jaune pâle.
4. Utiliser la pointe du manche d'un pinceau et la peinture pervenche pour faire des points en guise de boutons de myosotis.
5. Peindre des feuilles floues parmi les boutons avec du vert foncé additionné d'une touche de bleu-vert foncé. Laisser sécher.

6 - PEINDRE LE FOND

Humecter légèrement tout l'emplacement du motif et la région qui l'entoure avec le médium pour glacis neutre et, avec un large pinceau plat, ajouter la couleur de fond. Commencer avec le bleu-gris, puis ajouter un peu de bleu foncé et terminer avec du bleu-vert foncé additionné de bleu foncé.

1. Utiliser un pinceau mouilleur mou pour le mélange final.
2. Ajouter un peu de médium à glacis à la peinture en chargeant le pinceau.
3. Utiliser un pinceau trempé dans l'eau pour nettoyer les couleurs de fond qui auraient pu déborder accidentellement sur les fleurs ou les feuilles.

7 - FINITION

1. Utiliser un crayon à mine molle pour écrire à traits fins les strophes du poème choisi.
2. Repasser sur les lettres avec un marqueur brun à pointe fine.
3. Avec le pinceau plat n° 1, accentuer les lettres d'abord avec de l'ambre brûlé dilué, puis avec du bleu-gris dilué.
4. Protéger le bureau avec plusieurs couches de vernis à base d'eau satiné. Laisser sécher.
5. Enlever le ruban-cache des charnières. Si le bureau est muni de charnières en métal ou de supports décolorés par le temps, polissez-les avec un morceau de papier d'aluminium froissé. Vous obtiendrez un luisant doux sans éliminer le côté vieilli.

Motif des coins

Motif du devant du bureau (centre)

Gros plan du bureau

MYOSOTIS

chaise pliante peinte à la main

Cette chaise a dormi pendant plusieurs années dans le grenier de Ginger Edwards. Après avoir décidé du motif du bureau, elle cherchait une jolie chaise pliante pour l'accompagner. Les dimensions de la chaise convenaient à celles de la table; elle l'a donc peinte pour créer un ensemble.

Créé par Ginger Edwards

Chaise pliante – avant

1 - MATÉRIEL

Meuble:

- Chaise pliante en bois

Peinture murale au latex, finition coquille d'œuf:

- Bleu-gris clair

Peintures à l'acrylique pour artisanat:

- Bleu-gris
- Bleu foncé
- Beige clair
- Pervenche
- Crème
- Vert foncé
- Bleu-gris clair
- Blanc chaud
- Bleu-vert foncé
- Jaune or
- Jaune clair
- Blanc

Peintures à l'acrylique pour artiste:

- Terre de Sienne brûlée
- Ambre brûlé

Médiums pour peinture à l'acrylique:

- Médium à mélanger
- Médium à mouiller

Autres peintures:

- Glacis pour peinture coloré – sarcelle
- Médium pour glacis – neutre

Pinceaux pour artiste:

- Plats de 25 mm (1 po), nos 14, 10, 4, 1
- Filbert nos 6, 4
- Manuscrit no 6/0
- Mouilleur

Outils et autres:

- Papier de verre à grain fin
- Linge doux
- Apprêt blanc en vaporisateur
- Papier-transfert et crayon
- Linge doux (pour essuyer le glacis)
- Pinceau français
- Ruban-cache
- Crayon à mine molle
- Vernis à base d'eau

Suite à la page 112

2 - PRÉPARATION ET COUCHE DE FOND

1. Poncer la chaise pour éliminer fini, vernis et particules de toutes sortes. Essuyer avec un linge doux.
2. Vaporiser la chaise avec l'apprêt. Laisser sécher. Poncer légèrement la surface.
3. Donner une couche de latex bleu-gris clair. Deux couches seront nécessaires pour obtenir une finition opaque. Laisser sécher entre les couches.

3 - GLACIS

Deux techniques de glacis ont été utilisées pour peindre cette chaise.

Motif du siège de la chaise – arrière

1. Mélanger une part de glacis pour peinture coloré en sarcelle contre deux parts de médium pour glacis neutre. Brosser le mélange à glacis sur une petite surface du siège ou au dos de la chaise. Pendant que le glacis est toujours mouillé, l'essuyer presque entièrement avec un linge doux. Le glacis s'incrustera dans les fentes et les creux. Procéder ainsi pour le siège et le dossier.
   - Travailler sur de petites surfaces à la fois empêche le glacis de sécher t rop vite.
   - Utiliser un pinceau mouilleur pour le mélange final.
2. Sur les pieds et les supports du dossier, appliquer du glacis en pointillé avec le pinceau français (cela demande très peu de glacis). Bien laisser sécher.
   - En séchant, le glacis foncera.
   - Si en séchant la couleur des pointillés est plus foncée que prévu, l'atténuer avec un lavis bleu-gris clair.
3. Diluer une petite quantité de peinture bleu-gris avec de l'eau. En éclabousser la chaise. Laisser sécher.

4 - PEINDRE LES MOTIFS FLORAUX

Les fleurs et les feuilles sont plus facilement peintes en donnant une couche de fond aux divers éléments, puis en ombrant chacun d'eux et, finalement, en les éclairant tous. Humecter légèrement la surface avec le médium pour mélanger ou de l'eau facilitera l'application et le mélange des peintures. Pour les illustrations étape par étape, voir « Comment peindre les marguerites et les myosotis ».

1. Décalquer les motifs de marguerites et les reproduire.
2. Donner une couche de fond aux éléments du motif :
   Les feuilles – beige clair ;
   Les pétales des marguerites – bleu-gris dilué avec de l'eau pour obtenir une consistance d'encre ;
   Le cœur des marguerites – jaune or ;
   Les myosotis – pervenche dilué avec de l'eau pour obtenir une consistance transparente.
3. Peindre les tiges en vert foncé additionné d'une touche de bleu-vert foncé. Laisser sécher.
4. À petits traits, peindre les pétales des marguerites en blanc chaud transparent. Ajouter une touche de pervenche additionné d'un peu de blanc aux myosotis.
5. Ombrer les éléments du motif :
   Les feuilles – vert foncé ;
   Les pétales des myosotis – pervenche ;
   Le cœur des marguerites – terre de Sienne brûlée ;
   Les pétales des marguerites – ambre brûlé additionné d'une touche de bleu-vert foncé. Remarquez que le côté et le

Motif du siège de la chaise – coin droit ; inverser pour le coin gauche

dos des pétales sont ombrés près du centre, tandis que ce sont les pointes des pétales de devant qui sont ombrées.

6. Accentuer l'ombrage:
   Les feuilles – bleu-vert foncé additionné d'une touche de bleu foncé;
   Le cœur des marguerites – terre de Sienne brûlée additionné d'ambre brûlé;
   Les myosotis – bleu foncé.
7. Au besoin, appliquer une deuxième couche de mélange pour ombrer aux pétales des marguerites.
8. Éclairer les éléments du motif:
   Les feuilles – crème additionné d'une touche de vert foncé (les feuilles n'auront peut-être pas besoin d'éclairage, car la couche de fond claire devrait être visible);
   Les myosotis – pervenche additionné d'une touche de blanc;
   Les pétales des marguerites – blanc additionné d'une touche de crème;
   Le cœur des marguerites: jaune clair.

5 - TERMINER LE MOTIF

1. Peindre en crème le cœur des myosotis, puis ajouter une touche de terre de Sienne brûlée à chacun d'eux.
2. Peindre la nervure centrale des feuilles en crème additionné d'une touche de vert foncé. Peindre les nervures secondaires en bleu-vert foncé additionné d'ambre brûlé.
3. Ajouter des points jaune or autour du cœur des marguerites, puis des points d'un jaune plus clair.
4. Avec le bout du manche d'un pinceau, appliquer des touches de peinture pervenche pour faire les bourgeons des myosotis.
5. Peindre de façon floue, parmi les bourgeons, des feuilles vert foncé additionné d'une touche de bleu-vert foncé. Laisser sécher.

6 - PEINDRE LE FOND

Humecter légèrement l'emplacement du motif et la région qui l'entoure avec le médium pour glacis neutre et appliquer la couleur de fond avec un pinceau large et plat. Commencer avec le bleu-gris, puis ajouter une touche de bleu foncé et terminer avec du bleu-vert foncé additionné de bleu foncé. Utiliser le pinceau mouilleur pour le mélange final.

Ajoutez un peu de médium pour glacis à la peinture en chargeant le pinceau. Utiliser un pinceau trempé dans de l'eau pour enlever toute couleur qui aurait pu déborder accidentellement sur les fleurs ou les feuilles.

Gros plan du siège de la chaise

7 - FINITION

Protéger la chaise avec plusieurs couches de vernis à base d'eau satiné. Laisser sécher entre les couches.

ÉLÉGANCE EN BLANC

table de boudoir

Cette table montre comment un projet peut facilement être modifié. Ginger Edwards explique qu'elle a vaporisé cette table d'un apprêt afin d'éviter de voir l'ancien fini sous la nouvelle peinture, puis elle a demandé à son mari de poncer légèrement la table pour lisser le fini lorsque la peinture était sèche. Il a poncé plus qu'elle ne l'avait prévu, exposant le bois nu en plusieurs endroits sur les pieds. Ginger a aimé l'apparence que ça donnait et a tout simplement décidé de laisser la table telle quelle pour y peindre le motif.

Créé par Ginger Edwards

1 - MATÉRIEL

Meuble:

- Table en bois

Peintures à l'acrylique pour artisanat:

- Bleu-vert foncé
- Jaune or
- Ivoire
- Beige clair
- Vert menthe
- Jaune clair
- Blanc chaud
- Blanc

Peintures à l'acrylique pour artiste:

- Terre de Sienne brûlée
- Ambre brûlé
- Gris de Payne

Médiums pour peinture:

- Médium à mélanger
- Médium à diluer

Pinceaux pour artiste:

- Plats nos 14, 12, 10
- Manuscrits nos 1, 6/0
- Mouilleur

Outils et autres:

- Apprêt blanc en vaporisateur
- Papier-transfert et crayon
- Papier de verre – grain fin
- Chiffon pour dépoussiérer

2 - PRÉPARATION ET COUCHE DE FOND

1. Vaporiser la table avec l'apprêt blanc. Laisser sécher.
2. Poncer pour exposer le bois nu à certains endroits. Essuyer avec un chiffon.
3. Peindre le dessus de la table en ivoire pour obtenir une surface lisse et opaque. Laisser sécher.
4. Décalquer le motif et le reproduire.

3 - CONCEPTION DU MOTIF

La peinture du motif se fera plus rapidement si tous les éléments sont d'abord peints avec une couche de fond, puis ombrés et finalement éclairés.

1. Couche de fond pour les éléments du motif:
   Les feuilles – beige clair (une couche donnera un fini opaque et lisse);
   Les pétales des fleurs – beige clair près du cœur, blanc chaud vers l'extérieur. Mélanger les peintures tandis qu'elles sont encore humides. Sur les pétales devant le cœur, appliquer du blanc chaud près du cœur et du beige clair vers l'extérieur. Utiliser le même mélange pour les autres pétales.

Suite à la page 116

Photo ci-contre: table de boudoir – avant

Laisser sécher la peinture. Appliquer une deuxième couche de fond aux pétales pour une apparence opaque et lisse.
Le cœur des fleurs – jaune or ;
Les tiges – ambre brûlé dilué.

2. Ombrer les éléments du dessin :
   Les feuilles – bleu-vert foncé additionné d'une touche d'ambre brûlé (les feuilles sur les tiges qui courent autour de la table sont beaucoup moins ombrées que les feuilles qui bordent les fleurs) ;
   Le cœur des fleurs – terre de Sienne brûlée ;
   Les pétales des fleurs – ambre brûlé additionné d'une touche de bleu-vert foncé ;
   Les tiges – ambre brûlé.
3. Foncer l'ombrage :
   Sur les tiges – ambre brûlé additionné d'une touche de gris de Payne ;
   Sur le centre des fleurs – terre de Sienne brûlée mélangé à de l'ambre brûlé ;
   Sur les feuilles – bleu-vert foncé additionné d'une touche de gris de Payne (mais pas sur les feuilles fixées à la vigne qui court) ;
   Sur les pétales des fleurs – une touche de gris de Payne.
4. Éclairer les motifs :
   Les pétales de fleur – blanc ;
   Le cœur des fleurs – jaune clair.
5. Sur les feuilles, la couleur de base se voit par transparence, créant de la lumière. Si plus d'éclairage est requis, ajouter une petite touche de vert menthe.
6. Teinter de terre de Sienne brûlée quelques-unes des feuilles regroupées autour des fleurs et toutes les feuilles fixées à la vigne.

4 - PEAUFINER LE MOTIF

1. Peindre les étamines autour du cœur avec de l'ambre brûlé additionné d'une touche de gris de Payne. Ajouter quelques taches de cette teinte sombre avec la pointe du pinceau manuscrit. Ajouter quelques points de jaune or à l'intérieur des étamines. Éclairer avec quelques taches de jaune clair.
2. Peindre les tiges des feuilles en bleu-vert sombre additionné d'une touche d'ambre brûlé.
3. Peindre la nervure principale des feuilles en vert menthe additionné d'une touche de blanc chaud.
4. Peindre les nervures secondaires en bleu-vert sombre dilué additionné d'une touche d'ambre brûlé.
5. Peindre les vrilles en ambre brûlé dilué.
6. Humecter la surface autour des grappes de fleurs avec du médium pour mélanger ou de l'eau, puis teindre légèrement la région avec de l'ambre brûlé pour rehausser le motif. Laisser sécher.

5 - FINITION

1. Éclabousser légèrement le dessus de la table avec de l'ambre brûlé. Laisser sécher.
2. Effacer les lignes du motif qui sont demeurées visibles.
3. Donner plusieurs couches de vernis à base d'eau.

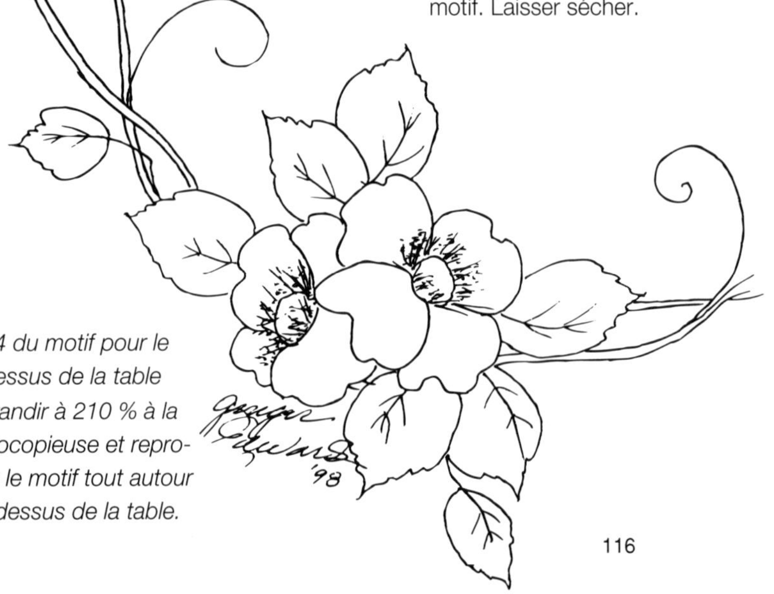

1/4 du motif pour le dessus de la table Agrandir à 210 % à la photocopieuse et reproduire le motif tout autour du dessus de la table.

Comment peindre les roses sauvages

Fiche de travail

Fig. 1 – Couche de fond : une couche est appliquée pour les feuilles et le cœur des fleurs. Deux couches, pour les pétales et les deux couleurs appliquées pour les pétales sont mélangées pendant qu'elles sont encore mouillées. Laisser sécher entre les couches. Laisser sécher la couche de fond avant de continuer à peindre le motif.

Fig 2 – Premier ombrage : l'ombre est appliquée aux pétales des fleurs, aux cœurs, aux feuilles et aux tiges. Remarquez que l'ombre, sur le côté et le dos des pétales, est près du cœur, tandis que l'ombre est appliquée en bordure, vers l'extérieur des pétales du devant. Appliquer une fine couche de médium pour mélanger sur les surfaces pour faciliter le mélange des peintures.

Fig. 3 – Ombrage et éclairage terminés : l'ombre est terminée sur la feuille, le cœur et la tige de la fleur. Les éclairages sont peints sur les pétales et appliqués avec de légers tapotements sur le cœur. Attendre que la peinture appliquée aux étapes précédentes soit sèche, puis à l'aide du médium pour mélanger, humecter la surface avant de foncer l'ombre ou d'ajouter de l'éclairage.

Fig. 4 -- Terminer le motif : des couleurs et des taches sont ajoutées aux feuilles. Les nervures sont peintes. L'ombre est accentuée sur les pétales, près du cœur. Une légère touche de couleur est ajoutée à l'extérieur de certains pétales. Le cœur de la fleur est terminé. Une vrille et quelques éclaboussures rehaussent le motif.

Fig. 1

Fig. 2

Fig. 3

Fig. 4

Gros plan du motif du dessus de la table

ROSES ROUGES SUR FOND BLEU

vaisselier antique peint à la main

De simples roses peintes à la main enjolivent ce vaisselier ancien qui sert à ranger des livres, des jouets et divers objets de collection dans la chambre d'une petite fille. Il pourrait aussi être installé dans une salle à manger pour y ranger la vaisselle ou les livres de recettes ou encore dans un couloir pour y ranger du matériel de bricolage, des outils ou encore des livres.

Créé par Stephanie Corder

1 - MATÉRIEL

Meuble :
- Vaisselier en bois

Peintures murales au latex, finition coquille d'œuf :
- Bleu campagnard, 4 litres (1 gallon)
- Rouge vif, 4 litres (1 gallon)
- Jaune doux, 875 ml (1 pinte)
- Sarcelle, 875 ml (1 pinte)
- Blanc, 875 ml (1 pinte)

Peinture à l'acrylique pour artisanat :
- Or métallique

Pinceaux pour artiste :
- Plat de 19 mm (3/4po)
- Rond n° 6
- Manuscrit n° 1

Outils et autres :
- Apprêt blanc
- Polyuréthane à base d'eau, fini mat
- Pinceau de Chine de 102 mm (4 po)
- Papier calque
- Papier-transfert et crayon
- Ruban-cache
- Papier de verre à grain moyen ou fin

Suite des explications à la page 120

Gros plan d'un côté du vaisselier

2 - PRÉPARATION

1. Préparer le vaisselier selon les directives de la section *Préparation des meubles pour la peinture.*
2. Donner une couche d'apprêt sur le meuble. Laisser sécher.

3 - INTÉRIEUR DU VAISSELIER

Expérimentez la technique utilisée pour créer ces roses abstraites sur un morceau de bois avant de les réaliser sur le vaisselier. Utilisez la photo comme guide.

1. Peindre l'intérieur des portes du haut en rouge vif. Laisser sécher.
2. Peindre les étagères, l'intérieur des côtés et le fond du haut du vaisselier en rouge vif.
3. Pendant que la peinture est encore mouillée, avec le pinceau rond et de la peinture blanche dessiner des spirales sur la peinture rouge pour créer des roses abstraites. (Lorsque vous les peignez, elles peuvent vous sembler trop abstraites. Ne vous inquiétez pas – lorsqu'elles seront sèches, le résultat sera parfait.) Laisser sécher complètement.

4 - EXTÉRIEUR DU VAISSELIER

1. Masquer la peinture à l'intérieur du vaisselier avec du ruban-cache, en appuyant sur les bords pour bien sceller.
2. Peindre le bas du vaisselier, les côtés et le devant de la partie supérieure en bleu campagnard. (Ne pas peindre les portes vitrées ou le dessus de la partie inférieure.) Il faudra peut être plusieurs couches pour couvrir entièrement la couche d'apprêt. Laisser sécher entre les couches. Laisser sécher la dernière couche pendant 24 heures.
3. Décalquer le motif des côtés et le reproduire sur le meuble. Décalquer le motif pour les portes du bas et le reproduire. (Je peins habituellement les roses à main levée avec des mouvements souples. Vous pouvez cependant reproduire le motif si vous le préférez.)
4. Peindre les roses en rouge vif, en remplissant le contour avec le pinceau plat de 19 mm (3/4 po).
5. Pendant que la peinture est toujours mouillée, utiliser le pinceau rond et de la peinture blanche pour définir à l'intérieur de la forme, le contour de la fleur, les détails et l'éclairage des pétales.
6. Peindre en sarcelle les lignes pour les feuilles, les vrilles et les tiges. Pendant que la peinture est toujours mouillée, ajoutez des touches de blanc pour éclairer.
7. Masquer la peinture rouge à l'intérieur des portes vitrées ainsi que le contour du dessus de la partie du bas. Peindre le cadre des portes vitrées et la partie du bas en jaune. Laisser sécher. Au besoin, appliquer une deuxième couche. Laisser sécher.
8. Peindre en or métallique les bords en bois des panneaux vitrés. En utilisant la photo comme guide, peindre en or des bandes diagonales sur le bois. Laisser sécher.

5 - FINITION

Appliquer trois couches de fini polyuréthane avec des gestes réguliers. Laisser sécher pendant trois heures ou plus entre les couches. Note : Une finition mate est recommandée parce qu'elle rend les couleurs plus riches. Avec trois couches, même une finition mate donnera un certain reflet.

Gros plan de l'intérieur du vaisselier

MODÈLE POUR LE VAISSELIER

Agrandissez à 135 % à la photocopieuse.

ARTICHAUTS ET DELPHINIUMS

banc de travail antique

Le riche motif sourd des courges or, des artichauts vert et pourpre et des delphiniums bleu éclatant qui garnissent ce banc en bois sont dignes d'une tapisserie. Le motif peut être adapté à bien des meubles.

Créé par Stephanie Corder

1 - MATÉRIEL

Meuble :

- Banc en bois

Peintures à l'acrylique pour artiste :

- Terre de Sienne brûlée
- Jaune moyen cadmium
- Rouge profond cadmium
- Vert cobalt léger
- Pourpre dioxazine
- Blanc de titan
- Bleu ultramarin

Peintures murales au latex, fini coquille d'œuf :

- Blanc (pour l'apprêt)
- Ocre jaune (ou une autre couleur neutre), 875 ml (1 pinte)
- Pervenche, 875 ml (1 litre)

Pinceaux pour artiste :

- Plats n°s 14, 12, 10, 19 mm (3/4 po)
- Rond n°s 4, 6
- Manuscrits n°s 1, 6/0

Outils et autres :

- Pinceaux
- Ruban-cache
- Papier calque
- Papier-transfert et crayon
- Polyuréthane à base d'eau, finition mate

2 - PRÉPARATION ET COUCHE DE FOND

1. Préparer le banc pour la peinture et la couche d'apprêt selon les directives de la section *Préparation des meubles pour la peinture*. Laisser sécher.
2. Donner deux couches de pervenche sur l'étagère du bas. Laisser sécher entre les couches.
3. Donner deux couches d'ocre aux pieds, au tablier de l'étagère et sur le dessus du banc. Laisser sécher entre les couches. Laisser sécher la dernière couche pendant 24 heures.
4. Masquer une bordure de 51 mm (2 po) de large autour du dessus du banc. Conseil : Appuyer avec l'ongle le long du bord du ruban-cache pour bien sceller et éviter ainsi que la peinture ne bave en dessous.
5. Mélanger un peu de médium jaune cadmium avec de la peinture murale au latex blanc pour obtenir un jaune clair qui servira de fond au motif. Peindre la partie à l'intérieur du ruban-cache en jaune clair. Conseil : Conserver un peu de cette teinte pour d'éventuelles retouches. Laisser sécher.
6. Décalquer le motif. L'agrandir au besoin. Le reproduire en le centrant sur la surface du banc de travail, en utilisant la photo comme guide.

3 - CONCEPTION DU MOTIF

Courges

1. Au médium jaune cadmium, ajouter une touche de pourpre dioxazine pour obtenir la couleur de base pour les courges. Mélanger du blanc de titan et une touche de couleur de base pour obtenir une couleur pour l'éclairage.
2. Peindre les courges une à la fois. Donner d'abord une couche de fond avec la couleur de base, puis repasser sur le pourtour avec le pourpre dioxazine. Pour mélanger les lignes, repasser dessus avec la couleur de fond pour créer un effet d'ombre subtil.

Suite à la page 124

3. Mélanger une touche de terre de Sienne brûlée avec du blanc. Ajouter autour des bords des courges pour éclairer.
4. Peindre le point d'attache de la tige avec la couleur pour éclairer.

Artichauts

1. Ajouter une touche de médium jaune cadmium et une touche de blanc de titan au vert cobalt clair pour obtenir le vert pour peindre les artichauts. Mélanger du médium jaune cadmium et du blanc de titan à une touche du mélange de vert pour obtenir une couleur pour l'éclairage.
2. Peindre chacune des feuilles individuellement, en les éclairant au fur et à mesure.
3. Lorsque la couche de fond pour l'artichaut est donnée et l'éclairage peint, ajouter les ombres. Les ombres sont peintes avec la couleur de base, le pourpre dioxazine, le rouge vif cadmium additionné de pourpre dioxazine et le pourpre dioxazine additionné de bleu ultramarin.
4. Avec le pourpre dioxazine, tracer la base de chaque feuille. Pendant que la peinture est encore mouillée, peindre au hasard, avec les couleurs pour l'ombre, de fines nervures vers le haut. Conseil : Si vos lignes sont trop rapprochées, peindre par-dessus certaines d'entre elles avec un peu de couleur de fond et de couleur pour éclairer.

Feuilles

1. Utiliser les mêmes couleurs et techniques pour peindre les feuilles abstraites et courbées. Les feuilles sont plus bleutées et la même technique pour les nervures a été utilisée. Conseil : Prenez plaisir à dessiner ces formes. Si vous préférez accentuer les motifs vers la gauche plutôt que vers la droite, n'hésitez pas !

Delphiniums

Bien que les delphiniums puissent sembler être les motifs les plus difficiles à réaliser, ils sont en fait les plus simples à peindre. Plus votre poignet sera lâche lorsque vous les peindrez, plus ils auront l'air réels.

1. Mélanger la couleur de fond avec du pourpre dioxazine et du bleu ultramarin. Ajouter du blanc de titan à une petite quantité de ce mélange pour obtenir une couleur pour l'éclairage.
2. Peindre chaque fleur individuellement, en ajoutant l'éclairage au fur et à mesure. Mélanger légèrement les couleurs entre chacune des fleurs pour fournir un effet de continuité.
3. Peindre le cœur des fleurs avec la couleur pour éclairer.

Lignes de fond et points

Les lignes de fond et les points qui font partie du fond donnent du relief et du mouvement tout en reliant les différents éléments du motif. Prenez plaisir à les faire !

Peindre les lignes et les points à l'arrière-plan avec le pinceau manuscrit et le jaune clair (jaune moyen cadmium additionné de blanc de titan) et le vert clair (vert cobalt clair additionné de jaune moyen cadmium et de blanc de titan). Laisser sécher complètement.

4 - FINITION

Sceller avec trois couches de polyuréthane à base d'eau mat. Les trois couches protègent la peinture. Note : Le léger lustre de la finition mate ajoute de la richesse au motif. Un lustre brillant enlèvera tout relief au motif.

Agrandissez à 192 % à la photocopieuse.

Gros plan du dessus du banc

TABLEAU DES ÉQUIVALENCES

Pouces	Millimètres	Centimètres
1/8	3	,3
1/4	6	,6
3/8	10	1
1/2	13	1,3
5/8	16	1,6
3/4	19	1,9
7/8	22	2,2
1	25	2,5
1 1/4	32	3,2
1 1/2	38	3,8
1 3/4	44	4,4
2	51	5,1
3	76	7,6
4	102	10,2
5	127	12,7
6	152	15,2
7	178	17,8
8	203	20,3
9	229	22,9
10	254	25,4
11	279	27,9
12	305	30,5

Verges	Mètres
1/8	,11
1/4	,23
3/8	,34
1/2	,46
5/8	,57
3/4	,69
7/8	,80
1	,91
2	1,83
3	2,74
4	3,66
5	4,57
6	5,49
7	6,40
8	7,32
9	8,23

INDEX

INDEX